德阳市哲学社会科学普及规划项目

三星堆文明的侧脸

SANXINGDUI

ANOTHER ASPECT OF CIVILIZATION

朱丹丹 著

巴蜀書社

图书在版编目（C I P）数据

三星堆：文明的侧脸 / 朱丹丹著 .-- 成都：巴蜀书社，
2016.8（2024.10 重印）
ISBN 978-7-5531-0718-9

Ⅰ．①三… Ⅱ．①朱… Ⅲ．①三星堆文化—介
绍 Ⅳ．① K872.71

中国版本图书馆 CIP 数据核字 (2016) 第 136449 号

三星堆——文明的侧脸
SANXINGDUI——WENMING DE CELIAN

朱丹丹/著

责任编辑　童际鹏
责任印制　田东洋　谷雨婷
封面设计　于会东
出　　版　巴蜀书社
　　　　　成都市锦江区三色路238号　邮编610023
　　　　　总编室电话：（028）86361856
网　　址　www.bsbook.com
发　　行　巴蜀书社
　　　　　发行科电话：（028）86361843
经　　销　新华书店
印　　刷　四川华龙印务有限公司　电　　话　028-61778215
版　　次　2016年8月第一版
印　　次　2024年10月第六次印刷
成品尺寸　170mm×240mm
印　　张　7.75
字　　数　150千
书　　号　ISBN 978-7-5531-0718-9
定　　价　46.00元

目 录

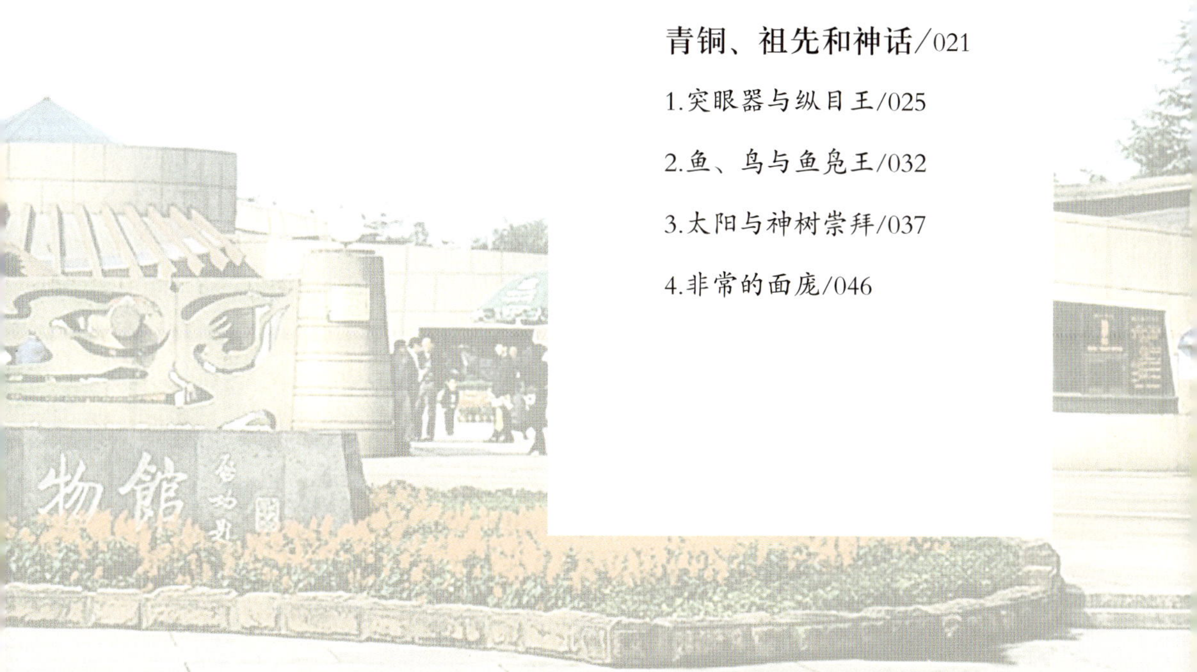

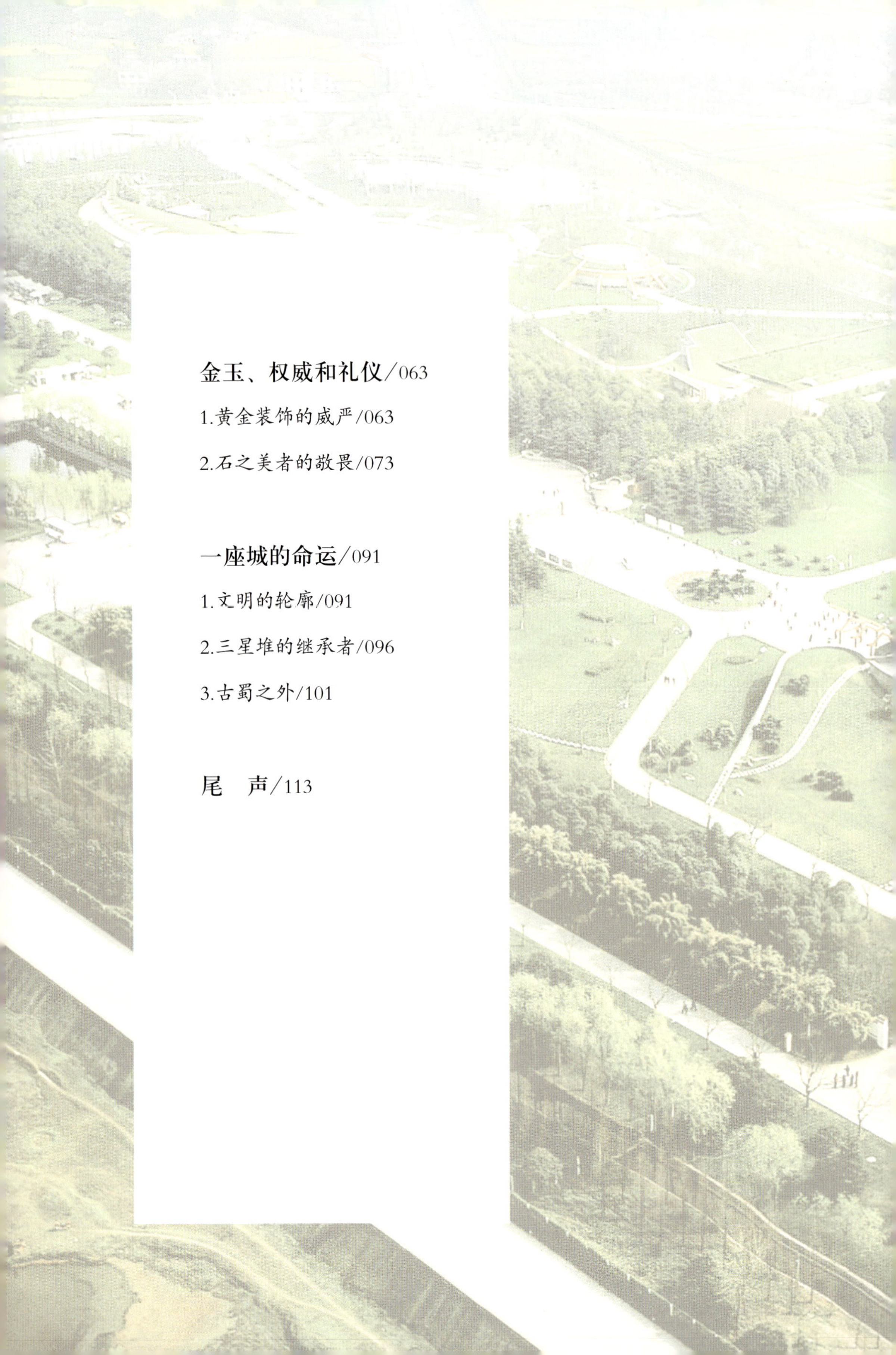

三星堆遗址概览

时 间	约公元前2800—公元前600（新石器时代晚期—周初）
位 置	四川省广汉市鸭子河南岸（成都以北约40公里）
范 围	古城址约360万平方米，整个遗址约12平方千米
遗 迹	城墙、居址、大型建筑基址、“祭祀”坑、墓葬等
遗 物	青铜树/人像/面具、玉璋/戈、金杖/虎、陶盉/豆等
文 化	目前普遍认为是古蜀国文化遗存（其他可能性小）

三星堆遗址年代分期

（2-4期为学术意义上的三星堆文化）

分 期	时间（大约）	约同时期中国文化代表	约同时期世界文化代表
第一期	公元前2800-公元前2100	新石器时代晚期龙山文化	古埃及第2—6王朝； 爱琴海克里特文明； 两河流域古苏美尔文明。
第二期	公元前2100-公元前1600	龙山文化——二里头文化	古埃及第7—17王朝； 爱琴海克里特文明； 两河流域古巴比伦王国。
第三期	公元前1600-公元前1100	商朝	古埃及第18—20王朝； 爱琴海迈锡尼文明； 两河流域中期亚述时期。
第四期	公元前1100-公元前600	西周至春秋初	古埃及第21—26王朝； 爱琴海“荷马时代”及希腊城邦早期； 两河流域中期亚述及亚述帝国。

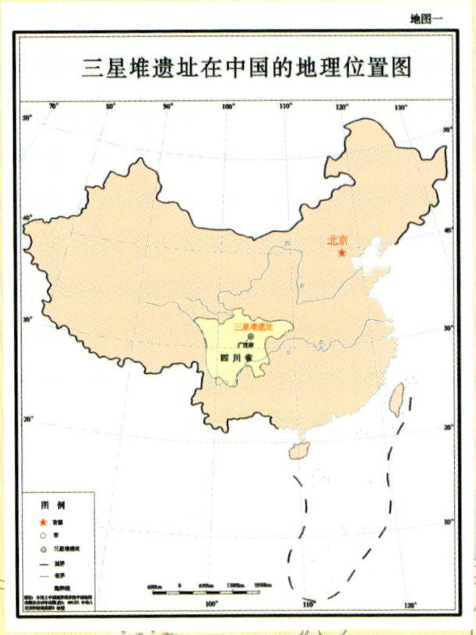
地图一
三星堆遗址在中国的地理位置图
北京
三星堆遗址
广汉市
四川省
图例

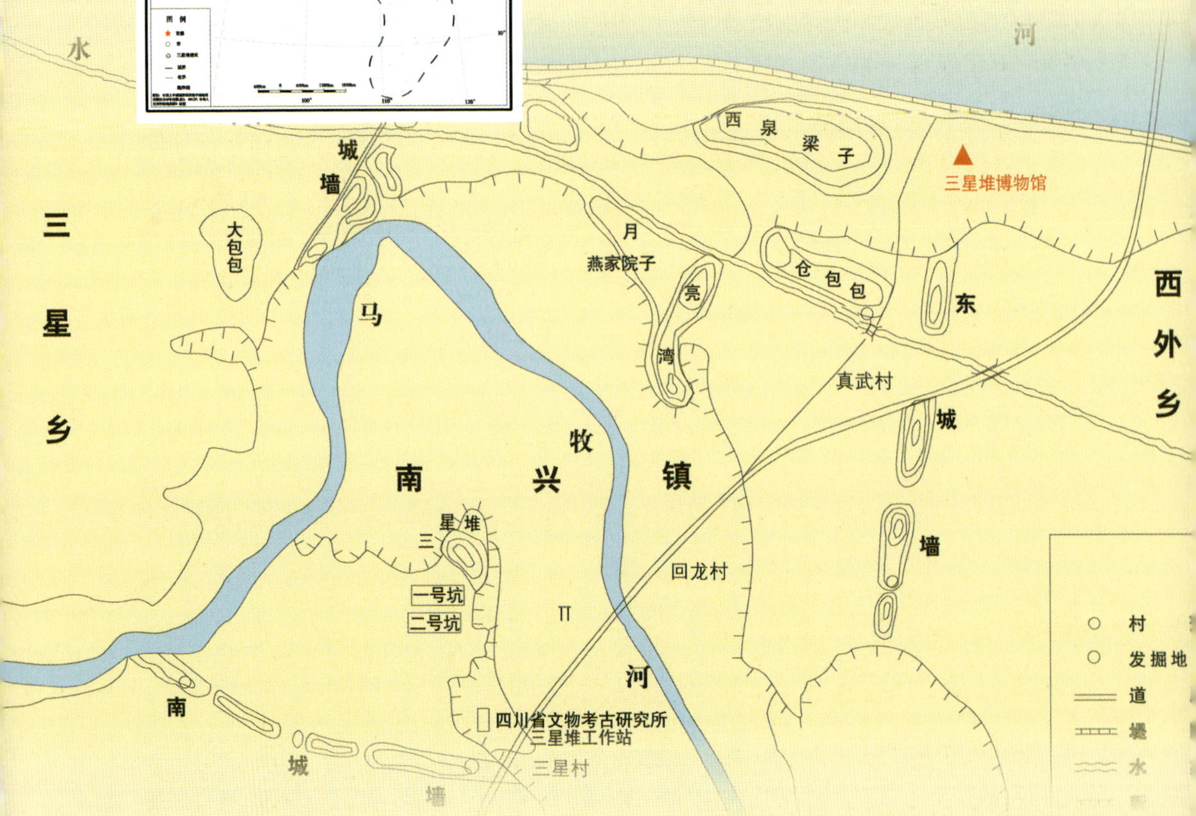
水
河
西
泉
梁
子
三星堆博物馆
城
墙
三
星
乡
大
包
包
马
牧
河
月
亮
湾
燕家院子
仓
包
包
东
城
墙
西
外
乡
真武村
南
兴
镇
三
星
堆
一号坑
二号坑
回龙村
南
城
墙
四川省文物考古研究所
三星堆工作站
三星村
村
发掘地
道
水

序
三星堆和古蜀传说

“三星堆”，原本是指坐落在中国四川省广汉市南兴镇三星村内三个起伏相连的土堆。它们与北面犹如一弯月牙的“月亮湾”台地隔着马牧河南北相望，在川西平原广袤的农田中非常醒目，因此被当地人颇具情致地称为“三星伴月堆”。早在清代嘉庆《汉州志·山川志》中就有“治西十五里，有三星伴月堆”的记载，“三星伴月”还被誉为当地的一处自然景观，可见这三个土堆在早前就已经颇引人注目，只是当时还没有人知道它们的真正“身份”。直到20世纪70年代，人们经过考古发掘才了解

三星堆残堆旧貌

三星堆遗址附近地形

三星堆残堆覆土保护现状

到，这三个土堆其实并非自然生成，而是夏商时期古人夯筑的城墙残段。墙体由于数千年的风雨侵蚀和人类活动才渐渐剥落成了一条高低错落的土埂。

在离三个土堆不远的地方，从1929年农民第一次偶然挖到四百多件玉石器开始，陆续出土了大批相关的古代遗物和遗存，并且显现出不同于其他任何已知的考古学文化的面貌，于是学界决定将其命名为“三星堆文化”。顺带说一下，考古学上一般将首次发现典型遗迹的小地名作为考古学文化的名称，比如“二里头文化”的“二里头”，就是河南省偃师县二里头村的村名，同样，“三星堆文化”也是从“三星堆”这个特殊的小地名而来。

考古学上的“三星堆文化”，是指年代为公元前2100–公元前600（距今约

歷夏、商、周。武王伐紂，蜀與焉。其地東接于巴，南接于越，北與秦分，西奄峨番。

——華陽國志

夫蜀都者，蓋兆基于上世，開國于中古。廓靈關以爲門，包玉壘而爲宇。帶二江之雙流，抗峨眉之重阻。水陸所凑，兼六合而交會焉，豐蔚所盛，茂八區而菴藹焉。

——蜀都賦

4100年到2600年前，相当于黄河流域的夏、商、周初），集中分布于成都平原及东部的峡江地区的，以鸟头勺把、小平底罐、高柄豆、三足盉（hé）为典型器物组合的一支考古学文化。随着考古发掘的不断进行，人们发现它的内涵十分丰富，包括一座面积约360万平方米的古城、大型建筑遗迹、祭祀活动遗迹、手工作坊以及大量独特的青铜器、玉石器、象牙、陶器和金器等，其发展程度远远超出人们对于古代四川的认知。

一直以来，上古的四川地区都被看做是几无文化可言的戎狄之域，有信史的年代已经到了战国时代，即秦灭巴蜀的公元前316年（距今2300年前），史书记载巴蜀人民摆脱野蛮、爱好文雅也是从汉景帝派文翁入蜀教化才开始的。不过，根据零星的古史传说和文献记载，在秦帝国将四川盆地纳入其版图之前，盆地西部平原上曾有一个历经夏、商、周三代的古老国家——“蜀”国，它创造过非常繁盛的农业文明，甚至殷墟甲骨文中也好几次提到了与“蜀”的往来。（“蜀”字在甲骨文中是一个上有大眼睛，下有蜷曲身体的类似虫子形状的象形文字，可能是商人对当地族群的一种贱称）

文献中关于蜀国历史的记载相当简略，传说蜀人的始祖“蚕丛”及其民众居住在成都平原以西、川西高原上的岷山地区，被称为“蜀山氏”，之后另一位首领“柏灌”带领一部分人向东进入成都平原，在此发展农业和渔业，又经过“鱼凫”、“蒲卑（杜宇）”、“开明”等三个时代，最后于公元前316年被秦国所灭。三星堆文化因为没有文字发现而无法自名，但是它所处的位置和年代、文化的特征与内涵，都与传说中的“蜀”国极其吻合。目前学术界一致认为，三星堆正是“蜀”国的遗存，并且应是它的一个中心都邑。

三星堆文化作为一个区域文化是高度繁荣、自成一体的，同时，它繁荣的年代——距今3000-4000年左右，也正是我国整体迈入文明时代的重要阶段，伴随着各地青铜的繁荣、文字的出现、城垣的修建、礼仪的完善，多个地域文化之间相互交流碰撞，一步步走向融合，最终孕育出了博大精深的中华文明。而我们需要记住的是，除了中原的夏、商王朝之外，在富饶神秘的大西南还存在着一个相当繁荣、极富特色的古蜀王国，并且与长江中下游的吴城文化、良渚文化、中原的夏商等文化在一定程度上相互影响，一同描绘了东亚大陆上波澜壮阔的上古画卷。

小知识

考古学文化 考古学文化是一个内涵较为丰富的学术概念，一般是指分布于一定地理区域、处于一定时间范围、具有统一遗存和技术特征的综合体。并不是每一处考古遗址和每一次考古发现都会被认定为一个新的考古学文化，只有那些分布范围较广、延续时间较长、遗迹和遗物具有一定特征的考古发现才有可能。比如著名的仰韶文化，是一支主要分布在黄河中下游地区的新石器时代文化，持续时间为距今 7000 年–5000 年，以彩陶为共同的显著特征，包括河南渑池仰韶村、陕县庙底沟、陕西西安半坡村、临潼姜寨遗址等众多遗迹点。

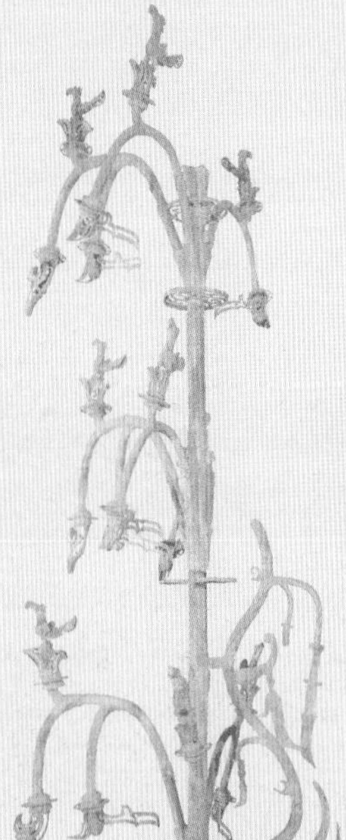

一座城的重现

1.农民的偶然发现

1929年春季的一天，四川省广汉市南兴镇一名叫燕道诚的农民正与儿孙在门前不远处清理水沟，突然，随着一声锄头撞击硬物的声音，他们发现了一个直径半米多长的大石环，接着挖下去，又发现了一大批躺在泥土中的玉石器。燕道诚在前清官府做过“笔杆”，是一位比较开明的文化人，被当地人唤作“燕师爷”。燕师爷虽不具有文物知识，但还是知道挖到了宝贝，于是立刻掩盖起来不敢声张，晚上才偷偷将这些玉石

燕道诚全家福

1929年出土的大石壁及玉壁

葛维汉（前排右一）和参与发掘的地方士绅，以及右后方的武装士兵

1934 年发掘的现场合影

器取出藏在自家房屋周围。不过据燕家后代说，这笔意外之财没有给燕家带来什么好运，反倒是令父子二人生了一场大病。大概是基于破财免灾的想法，在发现宝贝的一年之后，燕家人将这批文物拿出来贩卖或者送人。

2.传教士第一次发掘

1934年部分出土物

转眼，时间来到1931年，燕家发现宝贝的消息已经扩散开来。当时正在附近传教的英国基督教士、剑桥大学博士董宜笃得知后非常关注此事，但认为自己的外国人身份不宜直接出面，便找到当地的驻军团长、自己的信徒陶宗伯，专程去燕家借了五件文物带到华西协和大学（1910年由基督教会创办的医科大学，以下简称华大），请美籍地质学家戴谦和鉴定，戴谦和当即断定它们为商周遗物。同年6月，戴谦和与董宜笃在陶团长的协助之下来到月亮湾一带调查，当燕道诚听说自己挖出的宝贝对研究很重要时，便将家中“收藏”的一部分器物交给戴谦和带回华大博物馆保管。

1934年春天，在广汉县县长罗雨苍的邀请之下，华大博物馆馆长、文化人类学与考古学教授、美籍传教士葛维汉带着发掘执照和审批手续率考古队前来广汉进行三星堆历史上的第一次科学发掘。

因为当时“广汉玉器”在成都古董市场上已经赫赫有名，民间私掘贩卖的情况不少，此次为了防止盗贼“抢劫肥猪”（袭击、抢劫富人），罗县长还专门派80名士兵日夜守卫。发掘从3月6日开始，据参与发掘的林名钧记载，附近乡民不断有人造谣说考古队挖出了“金马”，加之“邻近匪风甚炽”，考古人员每晚都要步行八九里去躲避匪患，所以艰苦的发掘工作只进行了10天就不得

汉州（广汉）发掘简报

葛维汉著　沈允宁译　陈宗祥校

1931年春，董笃宜（V. H. Donnithorne）牧师获悉四川汉州（广汉县）一位富裕农民燕先生在溪底发现数件石器、玉环、方玉和玉刀。董笃宜确认这批器物很有科学价值，颇为重视；认为应及时保存下来，避免散失。

董笃宜的记录

1931年春，我听到当地群众议论：离该地不远，发掘出石刀和石璧。后来又获知：农民挖水洞时，又出现许多器物，可是都分送给乡邻和戚友。

作为一个外国人出面获得这批散失在私人手中的器物，是不妥当的，理应通过当地县官办理。为此我催促陶旅长出面，做必要的宣传，尽快寻回散失器物，以便把它们保存下来。当时陶旅长表示同意，如可能的话他会带来几件石器。没过几天，他拿来五件石器（现藏华西大学博物馆）。陶旅长说：这批器物是一位富农造田所发现。据他本人讲，他不愿意卖给我或其他人。他现在借给陶旅长，此后是要退还的。陶旅长要我短期保留。次日我乘车返蓉，交给戴谦和（D. S. Dye）保管。几天后，我遇见陶氏就向他请求，尽量能为博物馆收集这类器物。不久他与燕氏带来了在他田里发现的几块石器，后者对此即产生了疑惑，不知我要这批石器有何用途。陶氏也对这次发现引起了极大兴趣，并想把采集到的石器保存在博物馆里。最后，燕先生把自己的五件石器送给陶旅长，他作为礼物又送给博物馆保存。

此后，六月间，我们在广汉县的太平场遗址进行了考察、摄影。遗址距离广汉有十八（华）里。这次发掘队由陶旅长和他的六名警卫员，戴谦和、摄影员晋先生和我所组成。

郭沫若复林名钧的信

林名钧先生：

很高兴接到你和葛维汉先生的信，谢谢你们的好意，送给我如此多的照片、图片以及戴先生发表在《华西边疆研究学会杂志》上的文章，并且告诉我有关发掘的详细情况。你们真是华西科学考古的先锋队，我希望将来你们能取得更大的成绩，研究古代的遗迹和建筑、雕刻、坟墓和洞穴。这一工作将产生丰硕的成果。与此同时，我也希望今后会有一系列的发掘以探索四川的史前史，包括民族、风俗以及他们与中国其它地区相接触的历史。这些都是十分重要的问题，我很遗憾，我不能归国协助你们的发掘。

你们在汉州发现的器物，如玉璧、玉璋、玉圭均与华北、华中发现者相似。这就是古代西蜀曾与华中、华北有过文化接触的证明。“蜀”这一名称曾先发现于商代的甲骨文，当周人克商时，蜀人曾经前往相助。此外，汉州的陶器也是属于早期的类型。你们认为汉州遗址的时代大约是西周初期的推测可能是正确的。如果将来四川其它的地方尚有发掘，它们将显示出此文化分布的区域，并提供更多的可靠的证据。

根据你们的要求，我将我写的两本有关中国考古学的书送给你们，并且请书店直接将最近出版的一本送博物馆，另一本送葛维汉先生。以后如有新作，我也将再送给你们。

现在我很忙，就此搁笔。

祝你们取得更大的成绩。

沫　若

1 9 3 4年7月9日

注：1. 林名钧先生在华西大学博物馆工作期间，协助负責过该遺迹发掘工作的一部分任务。2. 1934年7月，中国著名作家、学者郭沫若先生在日本。此信由四川大学童恩正教授译自David C.Graham：“A.Preliminary Report of fhe Hanchow Excarafion”，ournol of fhe West China B°rder Reserch Sociefy, Vol.6, 1933—1934, P.129—13。0

不结束了。众人将所挖的探坑重新填补复原，并给予农民相当的报酬来弥补其损失。这次出土、采集和购买各种玉石器、陶器共六百余件。

发掘结束之后，葛维汉等人将出土物送到县署，罗雨苍认为这批器物的科学价值很高，决定全部送给华大博物馆，而作为华大博物馆继承者的四川大学博物馆，目前仍在“为中国人永久地保存”当年这些来之不易的珍贵遗产。

之后，葛维汉编写完成了《汉州发掘简报》，这是历史上第一份有关三星堆的科学报告。在报告中他十分准确地指出，这批器物的年代上限为铜石并用时代（新石器晚期向青铜时代过渡的时段），下限大约为公元前1100年（距今3100年）。事后郭沫若先生写信盛赞参与此次发掘的人员是“华西科学考古的先锋队”。

3.大规模考古发现

1949年后，以四川大学考古系冯汉骥教授为代表的四川考古界几次到三星堆一带进行考古调查。在多次调研之后，冯先生准确地预言道：“这一带遗址如此密集，很可能是古代蜀国的一个中心都邑。”

1975年春天，广汉南兴镇二砖厂工人在三星堆土埂上取土的时候，意外发现了大量的陶器残片，虽然取土活动被当地文物部门紧急叫停，但三星堆的那三个土堆从此就只剩下了半个。

1980年11月至1981年5月，四川省文管会、省博物馆和广汉县文化馆在三星堆脚下进行发掘，共发现房屋基址18座、灰坑3个、墓葬4座、玉石器110多件、陶器70多件及10万多件陶片。这次发掘的报告《广汉三星堆遗址》中指出，三

1963 年冯汉骥（中）在考古现场

1980 年考古发掘现场

一号器物坑

二号器物坑

星堆是“一种在四川地区分布较广的、具有鲜明特征的，有别于其他任何考古学文化的一种古文化”，已经具备了夏鼐先生提出的命名考古学文化的三个条件，建议命名为“三星堆文化”。

1986年，令世人震惊的一、二号器物坑被发现并清理出几千件珍贵文物，这些经过人为砍砸和焚烧的奇特文物在带给观者惊叹的同时，也给我们留下了众多难以解释的谜团：到底是谁制作了这批珍宝？又是谁将它们损坏并埋藏？人们为什么要这么做？这两个坑谁早谁晚？有何关联？在距今3100年前的时候，这块土地上究竟发生过什么？

目前，这些问题中的绝大多数我们还无法解答，但正因如此，三星堆倒也给我们留出了一个大的遐想空间。

1986 年发掘开工典礼

器物坑发掘引发热情围观

考古工作人员在进行测绘

三星堆器物坑简介

一号器物坑。坑口长约4.5米，宽约3.4米，深约1.5米，坑口三面各有一条宽约1米、长0.34米（残）~3.85米的坑道，呈对称布局向外延伸。坑室内器物均分层放置，埋藏现象前所未见，大多数器物埋藏时或埋葬前明显经过有意的焚烧和破坏，或烧焦、发黑、崩裂、变形、发泡甚至熔化，或残损、断裂甚至碎成数块（段）而散落在坑中不同位置。一号坑共出土各类器物567件，其中青铜制品178件、黄金制品4件、玉器129件、石器70件、象牙13根、海贝124件、骨器10件、完整的陶器39件以及3立方米左右的烧骨碎渣。

二号器物坑。坑口长约5.3米，宽约2.2米，深约1.5米，不带坑道。二号坑共出土各类遗物6095件（包括残片和残件可识别出的个体），其中青铜制品736件、黄金制品61件、玉器486件、石器15件、绿松石3件、象牙67件、象牙珠120件、象牙器4件、虎牙3件、海贝4600枚。两坑出土器物的种类，除部分中原地区夏商时期常见的青铜容器、玉石器和巴蜀文化遗址常见的陶器外，大多是过去从未发现过的新器物，如青铜群像、青铜神树群、青铜太阳形器、青铜眼形器、金杖等，到目前为止都是世界上独一无二的考古发现。

考古人员高举人头像向群众展示

出土的青铜人头像残状

考古工作人员正在清理文物

小知识

文物窖藏坑 古人由于某些突发、特殊的原因，会在短时间内将大批物品集中埋在一个像窖穴一样的土坑中，这样的文物一般就叫窖藏文物。文物的大批埋藏情况在考古中时有发现，如著名的西周大克鼎就出自陕西扶风法门寺任村的青铜器窖藏。陕西西安何家村唐代窖藏更是惊人，一共出土文物1000多件，包括：金银器皿271件，银铤8件，银饼22件，银板60件，金、银、铜钱币466枚，玛瑙器3件，琉璃器1件，水晶器1件，玉带10幅，玉臂环1对，金饰品13件，另有金箔、玉材、宝石等。经学者考证，这批文物可能是安史之乱或泾原兵变时某人仓促埋下，后来未能挖出所以才保留到现代。但三星堆器物坑与此不同，所有器物皆经过焚烧和砍砸，明显不是为了保存，很有可能是一种特殊的祭祀方式，因此也被叫做“祭祀坑”。

4.古蜀文化的新家园

为了收藏、保护出土文物，展示、研究三星堆文化，政府在三星堆遗址原址的东北角上修建了三星堆博物馆。1992年8月奠基、1997年10月正式开放的三星堆博物馆，最终成了几千件三星堆文物最安稳的家园和最华丽的舞台。从此，沉睡千年的三星堆文化迎来了一批又一批的参观者，在与每一双眼睛对焦的那一刻，带给人们来自上古的启迪与震撼。

三星堆作为一个遗址博物馆，不仅拥有众多珍贵的可移动文物，更重要的是，它就建立在历史发生过的原址——三星堆遗址之上，是古蜀人生活的承载者和见证者。三星堆遗址为国务院公布的全国重点文物保护单位，是被列入首批36处国家重点大遗址名单和世界文化遗产预备名单的重要古代遗址。2010年10月，

三星堆博物馆全景图

三星堆博物馆青铜馆

三星堆国家遗址公园入口

祭祀坑保护展示现状

三星堆遗址又被国家文物局列为首批国家考古遗址公园。在“保护为主，抢救第一，合理利用，加强管理”的文物工作方针指导下，经过多年的规划建设，三星堆国家考古遗址公园已经建成完工，展示在世人面前。如今，世界各地的观众都可以亲临这一曾经雄踞西南数千年的古城，踏上古蜀人走过的这一片神奇土地，在跨越千载的时空变幻中，追寻那一份生而为人的虚妄与真实。

三星堆遗址二号器物坑原址复原展示

问题：

为了保护文物，我国《文物保护法》明确规定：“中华人民共和国国境内地下、内水和领海中遗存的一切文物，属于国家所有。”老百姓如果发现了文物，像燕道诚当年一样隐匿起来是非常不对的，你知道这样做对文物可能造成什么样的危害吗？

三星堆国家考古遗址公园一角

小知识

大遗址 大遗址是指占地面积广大、文化内涵丰富、学术价值高，工作周期长，对研究古代社会有重要意义的遗址。它的种类主要有聚落、城镇、宫室、建筑群、寺庙、手工业作坊、大型工程、陵寝和墓葬群等。如北京周口店遗址、河南二里头遗址、西安大明宫遗址、临潼秦始皇陵、福建德化窑遗址、新疆坎儿井等。大遗址是中国先民重大活动的真实见证或生产生活的集中反映，是中华民族历史文化的大型载体。大遗址与一般文物一样，都属于不可再生资源，但我国的大遗址多是脆弱的土、木遗址，为此我们一定要爱护它们，在参观文物古迹的时候，坚决不要随意踩踏、乱写乱画！

青铜、祖先和神话

青铜，并不是自然界中天然存在的物质，它是人类用红铜和锡、铅、砷等配制出的一种合金，这样做有降低金属熔点、增加流动性、便于铸造成器等优点。新铸造好的青铜器色泽光亮，会因合金中锡含量的增加而显示出红-金-银-白的颜色差异，大多数时候偏黄色，大家如果能看到保存较好的清代铜钱，就能大概了解青铜器的本来颜色。而我们所熟悉的青灰色主要是长时间埋于地下被氧化、侵蚀所致，并非青铜器的本色。

世界上最早的青铜制品在距今约6000年前的美索不达米亚平原（即两河流域）出现，中国的青铜器最早出现在距今约4700年前的甘肃，从此开始不断发展。青铜器在距今4000-2500年前（相当于夏、商、周三代）的中国历史上呈现出了显著的重要性，出现了数量众多、制作精良、意义深厚的盛储器、

甘肃马家窑文化青铜小刀，目前我国发现最早的青铜器，距今约 4700 年

未氧化的青铜器（现代制作）

车马器、乐器、兵器等，因此这一时段也被称为我国的“青铜时代”。后来，随着铁器在战国时代的渐渐普及，青铜的地位不断衰微，到了秦汉之后基本上被取而代之。

在上古的中国地区，青铜是一种被社会上层垄断的政治资源，青铜器是商王、周天子用来沟通神明和祖先的祭器，也是他们赏赐地方诸侯和功臣贵戚的礼物。在古代文献中，青铜器被叫做“金”或“吉金”，意思是在吉礼中使用的金属器。吉礼是古代最重要的礼仪，主要是指对天神、地祇、人鬼的祭祀。有时候人们还会在器物身上制作铭文，记录自己家族或王朝中的重大事件，并希望子子孙孙能永世保用。

那么，青铜器为什么如此贵重呢？首先，铜料的获得十分不易，因为地面上可采集的自然铜非常少，要制造厚重的青铜器必须依靠大量的人力去开采和冶炼矿石。如湖北大冶铜绿山遗址就发现了长五十多米的矿井、大量的炼渣、一些炼铜炉和铜饼，这些都是商周人们为了获取铜料留下的遗迹。其次，青铜器的铸造也是一项非常复杂的工作，我国商代青铜器都是模范法铸造，其过程一般是这样的：先用泥土雕刻出器物的模型（内模），然后用湿软的黏土敷在外表，切成数块取下（外范），然后从内模的外表上按照器物厚度的需要刮一层粘土下来，接着将内模、外范组合固定，留出浇注口和排气孔，将融化的铜液浇灌到模和范中间的缝隙中，待冷却凝固后将外范取下、内模凿碎，取出器物，最后对器表进行打磨抛光，青铜器就制作好了。铸造过程中不仅要注意各种合金成分的配比，还要操控炉火的温度，采用适当的鼓风技术等。许多体量巨大和纹饰复杂的青铜器常常需要分开进行多次铸造，再用铆接、焊接等方式将铸造好的各部分组合到一起。

青铜器上的铭文

铜料如此难能可贵，铸造又这样精细复杂，青铜器的生产自然无法由单个家庭或普通群体完成，只有出现了一个强大的社会秩序能够对劳动力和矿产资源进行组织分配，才会出现青铜器的生产。因此，青铜器的出现也被看做是人类文明的一大标志。

三星堆文化是四川盆地目前发现的第一支青铜文化，在之前的宝墩等文化中都不见青铜制品的踪迹。而三星堆出土的青铜器从一开始就显示出了异常成熟和独树一帜的面貌，青铜制品不仅体型巨大、工艺复杂，器物种类和造型也是前所未见。在三星堆时期，青铜文化就这样以一种奇特的姿态突然闯进了成都平原。虽然目前对于三星堆青铜制品的工艺和矿料来源还存在诸多争议，但这批器物的重要性和特殊性是无可置疑的。

中原地区先秦的青铜器以食器、酒水器、乐器、兵器等为大宗，在宗庙祭祀、征伐兴兵场合中发挥重要作用，是“国之大事在祀与戎”的最佳体现。但古蜀统治者似乎并不羡慕中原王室钟鸣鼎食的生活，他们制作了大量夸张奇谲（jué）的人像、神树和神鸟，用以纪念、赞颂他们神话般的祖先与过往。两个器物坑中出土了数以千计的青铜器，但只有非常少量的尊、罍（léi）等常见器物，绝大多数器物装饰性强且充满神话色彩；从成分上看，这些青铜器多为铜、锡、铅的三元合金，与当时殷商文化铜器的合金配比特色是一致的，但其中铅的含量普遍高于中原地区青铜器；三星堆青铜器全部为模范法制成，这与同时代中原系青铜器相同，不过三星堆青铜器又使用了大量的焊铸和切割技术，这是不见于其他文化的。所有这些事实都表明古蜀国在受中原文化影响的同时，依然创造出了自己的青铜特色。

1.突眼器与纵目王

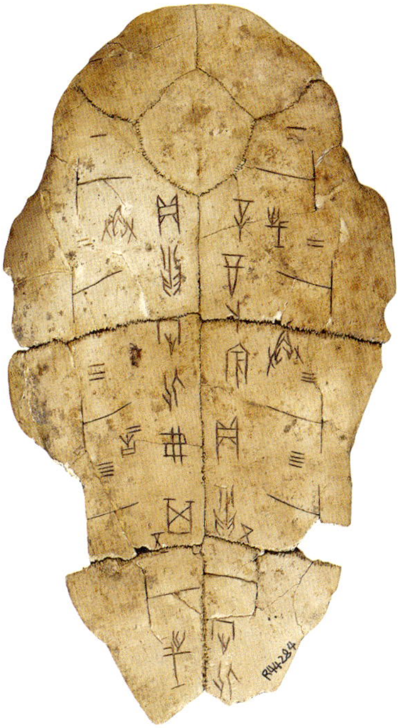

河南殷墟出土的甲骨文

古蜀国是在四川盆地长期存在的一个古国，相传为岷江上游蜀山氏与黄河流域黄帝之子所生的后代建立，至少历经夏、商、周等朝代，于公元前316年被秦国所灭。目前考古上可以归入古蜀文化的主要包括宝墩文化、三星堆文化、十二桥文化等。由于地形相对封闭，又处于古代“中国”与南亚、东南亚来往的交通要道之上，整个古蜀的文化面貌显示出了独树一帜又兼容并蓄的特点。

与中原商文化不同，历史上有关古蜀的记载非常少见且简略，而古蜀国目前也没有发现使用文字的迹象，只在考古出土的陶器上有个别意义不详的刻画符，均单独出现，不具有文字的性质。虽然后世如扬雄、常璩等蜀籍学者追述过此段历史，但他们生活的时代距离古蜀至少已有千百年之久，出现谬误的情况并不少见。不过这些零星的记载为我们了解古蜀的世代更替起到了至关重要的作用，目前大致可以确定的古蜀时期依次是：蚕丛时代、柏灌时代、鱼凫时代、杜宇时期、开明时期。一般认为前三个时期的首领都是古蜀本族人，社会的发展程度和居民的数量似乎都没有发生大规模的变动，因此可看做一整个阶段，其中鱼凫时代与三星堆文化的关系应该最为密切，其首领很可能就是三星堆古城的主人。

“蚕丛”是记载中古蜀国最早的时期。需要说明的是，一定时期内若干世代

三星堆陶器上的刻符

的蜀王都会沿用同一个称号，所以“蚕丛、柏灌、鱼凫”并非是某一位蜀王的特指，而是某一阶段蜀王的统称，这也与史书中“此三代各数百岁”的说法吻合。

传说蜀地百姓正是在蚕丛王时期开始养蚕种桑，在成都平原西北的岷江山区发展生产，开启了古蜀国辉煌的历程。蚕桑文化是中华文明的独创和骄傲，蜀地的蚕桑业更是其中佼佼者，赫赫有名的蜀锦与南京的云锦、苏州的宋锦、广西的壮锦一起，并称为中国的四大名锦，而《说文解字》对“蜀”字的解释就是“葵中蚕也”，由此可见养蚕种桑在蜀文化中的重要性。（“蜀”字最早出现于殷墟甲骨文中，童恩正先生认为“蜀”与“蚕”没有直接关联，只是一种形似蚕的毒虫。因彼此间有过几次交战，“蜀”应是商人对蜀人的贱称。）

《华阳国志》记载：“有蜀侯蚕丛，其纵目。”是说有一位蚕丛王的眼睛与常人有异，是“纵”的，但人们一直不清楚“纵目”到底是什么模样。直到三星堆出土了一些眼球凸起的人面像及眼睛型器物，结合制作时代和文献记载，专家们认为，这应该就是“纵目”的实物例证，它们很可能就是那位著名的“纵目王”的形象。

（1）青铜纵目面具

（1） 青铜纵目面具，高66厘米，宽138厘米。器型巨大，是目前三星堆出土的所有面具中最大的一件，双目凸出，鼻、口、耳都被故意放大变形，额头上最初应该有一个装饰物，现已脱落不见。面具上异常的五官可能象征着超常的视觉、听觉、嗅觉等感官能力，是早期人类对自身能力的一种肯定和期待。两侧边有方形穿孔，由此学者推测这件面具应该是作为图腾被装饰在庙堂的柱子之上。

（2） 青铜纵目面具出土场景，需要四五个人同时抬举，可见这件器物的体量之巨。

（2）青铜纵目面具出土场景

（3）戴额饰纵目面具

（3）戴额饰纵目面具，高82.5厘米，宽77.4厘米。双目凸出，鼻、口、耳都被故意放大变形，额头安装一个夔龙形（夔kuí龙，即抽象、简化的龙）饰物，造型更加威风，有一种向上的动感。

古蜀国对眼睛的特殊偏爱还体现在三星堆出土的众多“眼睛型器物”上，这些眼睛型器物有菱形的眼眶和凸起的眼泡两种，制作的时候分开铸造，之后可能通过器表的小孔铸接于一体，最终还要安装在某些其他器物之上。

（4）眼睛型器

（4）眼睛型器，长29.6厘米，宽12.2厘米，厚0.2厘米。呈直角三角形，上有小孔，四件可以组成一个完整的菱形眼睛器。三星堆青铜器中除了极少数的容器之外，大部分器物上都有穿孔和接口，表明它们曾经作为一个零部件，与其他部件一起构成某一完整的器物。

（5）眼睛型器，长54.2厘米，宽12.8厘米，厚0.2厘米。呈钝角三角形，上有小孔，可以与另一个钝角三角形组成一个完整的菱形眼睛器。

（5）眼睛型器

（6）眼睛型器

（6） 眼睛型器，长57.3厘米，宽23.4厘米，厚0.3厘米。呈菱形，器物四角有小孔，可以固定在其他物品表面。菱形眼睛器整体形态很像一只抽象化了的大眼睛，眼眶被简化为菱形，两侧的三角表示眼睑。三星堆共出土了菱形眼睛器29件、钝角三角形眼睛器23件、直角三角形眼睛器19件。

（7） 青铜眼泡，直径约12厘米，高7厘米。平面略呈圆形，底端有小孔，可能是与其他部件相连而构成凸起的眼睛。三星堆共出土大小青铜眼泡33件。

（7）青铜眼泡

（8）青铜眼泡，宽6厘米，高4厘米。这件器物原本应该是一个菱形眼眶、眼睑和柱状眼球的组合，出土时右端眼眶及眼睑已残。奇怪的是眼珠上端有一个大孔，具体用途尚不明确。

（8）青铜眼泡

（9）青铜眼睛形器，眼角下勾，器物表面共有6只小孔，应该是用来连接其他物品。

（9）青铜眼睛形器

问题：

从出土的器物中可以看到，三星堆古蜀人对眼睛这个器官有特殊的偏爱，你觉得这是为什么呢？

2.鱼、鸟与鱼凫王

鱼凫，传说中古蜀国第三个时期王的名称。《华阳国志》记载：“鱼凫王田于湔山，忽得仙道，蜀人思之，为立祠。”鱼凫原意是一种很会捕鱼的水鸟，相传正是鱼凫王教会古蜀居民捕鱼之术，并且带领大家从岷江山区来到成都平原发展农业，所以深受百姓爱戴，他最终得道升仙，蜀地人民为了缅怀他而建造了祠堂。三星堆祭祀坑中出土了大量鸟形、鱼形的器物，可能就与这个鱼凫王的传说有关。

（10）青铜大鸟头

（10）青铜大鸟头，高40.3厘米。大而深的眼睛，粗壮下弯的钩喙，这是三星堆青铜鸟的典型样式。鸟的口缝及眼珠周围涂有红彩，形象与用来捕鱼的鱼鹰鸟很相似，后者很可能是青铜鸟的原型之一。从脖子下端边沿的三个小圆孔看，这个鸟头最初应该嵌套在某处。

（11）青铜鸟头

（11） 青铜鸟头，高7.4厘米，宽11.7厘米。出土时仅剩头部，冠后垂，长钩喙，喙缝处镂空。在头顶冠的两侧各有一个方形穿孔，应该是作为固定之用。

（12）鸟形铃铛

（12） 鸟形铃铛，高14厘米，宽8厘米。整体看起来像一只侧面站立的鸟，钩喙大眼，是典型的三星堆样式。

为了保持平衡，铃舌被做成左倾的獠牙形状，额头上有一个“8”字形链环，最初应该被悬挂在挂架之上。

(13) 戴冠垂尾青铜鸟

陕西省岐山县出土青铜斝（jiǎ）

（13） 戴冠垂尾青铜鸟，高13厘米。此鸟圆眼尖喙，冠羽如一排迎风招展的旌旗，与动物界一种叫“戴胜”的鸟非常相像，这种造型的鸟在三星堆数量不多，且与典型的大眼弯喙的三星堆式青铜鸟差异明显。但与同时代其他地域的青铜鸟造型相似，尤其与这只陕西省出土的青铜斝上的立鸟几乎一致，二者应有一定联系。

（14）展翅翘尾青铜鸟

（14）展翅翘尾青铜鸟，高11.6厘米，宽7.2厘米。翅膀及尾羽上下分叉，大部分羽毛上翘，呈现出一种向上的动感，冠羽、翅羽、尾羽顶端造型独具匠心，皆做成空心桃形。鸟喙细长，微微下弯，口中衔有残断的铜丝，原本应挂着某物。这种小型鸟是三星堆青铜鸟的另一种典型样式，一般铸造在青铜树枝之上。

（15）青铜鸟，高27.8厘米，宽15.4厘米。铜鸟那如鹰爪一样粗壮的双腿有力地抓着一个中空的底座，简洁的身体与尾巴合为一体，流畅地向右上方翘起，翅膀用浅浮雕表示。大概是觉得造型太过朴素，工匠在鸟的背部又补铸了一束有桃心状造型的羽毛，几乎与水平线呈九十度垂直，非常夸张。鸟的冠羽及尾羽残断，因锈蚀氧化，全器表面呈现出蓝绿色。从底座上的小孔和接口来看，这只鸟原本应该嵌套在某柱状物的顶端作为装饰。

（15）青铜鸟

（16）青铜鸡

（16） 青铜鸡，高14厘米，长11.7厘米。这只青铜制作的公鸡几乎与现实生活中的公鸡一模一样，体现出了三星堆人不仅拥有天马行空的创造力，还拥有高超的写实技艺。此物全器通体光亮，应该是长期摩擦所导致的结果。底部留有接口，推测它可能最初是作为手杖的杖首。

（17） 鸟头鱼形玉璋（zhāng），长38.2厘米，厚0.8厘米。璋是上古祭祀南方的一种礼器，也被用做朝聘、祭祀、丧葬、发兵的瑞信。此璋整体做成一条鱼的模样，顶部镂雕出一只水鸟的形象，仿佛鱼嘴里叼着一只水鸟，十分富有情趣和创意。

问题：

相传古蜀国有五位王，你知道他们分别叫什么名字吗？其中又有几位蜀王的名字与鸟有关呢？

（17）鸟头鱼形玉璋

3.太阳与神树崇拜

太阳是万物生长的动力，能使大地复苏、谷物丰产，它在远古先民眼中是一种至高无上的存在。所以人类最早的崇拜形式是太阳崇拜，最早塑造出的神是太阳神，与太阳有关的神话在世界范围内普遍流传，成为一切神话的核心，而神树、神鸟等也都与太阳崇拜息息相关。

与三星堆文化鼎盛期几乎同时的中原商王朝就是一个极为崇拜太阳的王朝，相传商王室起源便与鸟有关，即所谓“天命玄鸟，降而生商”，他们的王也自称太阳，甲骨文中曾多次提及拜日的内容。三星堆虽未有文字出现，但出土了大量具有太阳形状和纹饰的器物，可看做是古蜀人太阳崇拜的实物证据。

（18）青铜炯纹挂饰

（18）青铜炯纹挂饰，直径8厘米。器物中部有纹饰的地方向上凸起，中心为一个圆圈，外围环绕九道漩涡状纹饰。一般而言炯纹又被叫做火纹、旋涡纹，用来表示太阳和它的芒晕。顶端的两个小孔应该是做悬挂之用，三星堆出土的圆形、贝壳形饰多悬挂于挂架之上。

（19）青铜羊头罍

（19）青铜羊头罍，高54厘米。罍是流行于商代晚期至东周的一种较大型的盛酒器，有圆形和方形两种。不少罍的外形与另一种酒器“尊”极为相似，只是口部较小，不像尊是大敞口。这件罍的肩部堆饰四只羊头和扁鸟，腹部和圈足装饰有浮雕兽面纹，同时还在肩部下沿处装饰了一组火纹。这种在整个器物表面进行多维度、多层次繁缛装饰的做法，是商代晚期的一种典型特色。

（20）青铜圆形挂饰，直径7.4厘米。三星堆出土了数量众多的圆形、贝壳形、龟背形挂饰，顶端皆有可供悬挂的环钮，可知最初是挂在某处，但由于全部被埋藏在祭祀坑中，具体用途和位置仍然不得而知。

这件挂饰的环钮残断不见，中部有纹饰的地方向上凸起，中心为同心圆圈，外围环绕八道光芒装纹饰，相邻两道光芒之间填充一个三角状兽面。

（20）青铜圆形挂饰

（21）青铜神殿（坛）残件

（21）青铜神殿（坛）残件，高约15.8厘米。整个器物经古人砍砸和焚烧，残损非常严重，无法复原原初结构，推测它可能是神殿的屋顶部分。整个器物有两组重要的纹饰，一为中部偏上的波带纹，其间填充一串连珠纹；另一为下部的七芒太阳纹，外围也用一圈相同大小的连珠纹装饰。虽然这件器物残缺严重，但整体的纹饰搭配非常美观协调，还是给人留下了深刻的印象。

小知识

连珠纹 由许多小圆圈（珠纹）连续排列而形成的一种纹饰，是青铜器中出现最早的纹饰之一，二里头晚期的爵和斝的腹部已经出现连珠纹。有的围成一个圆形，有的横式排列，有的中间还有一个小点。连珠纹是用一根细管状物体在陶范上手工印出来的，因此小圆圈们之间的距离并不完全相同，排列得也不是十分整齐，但却非常自然、美观。

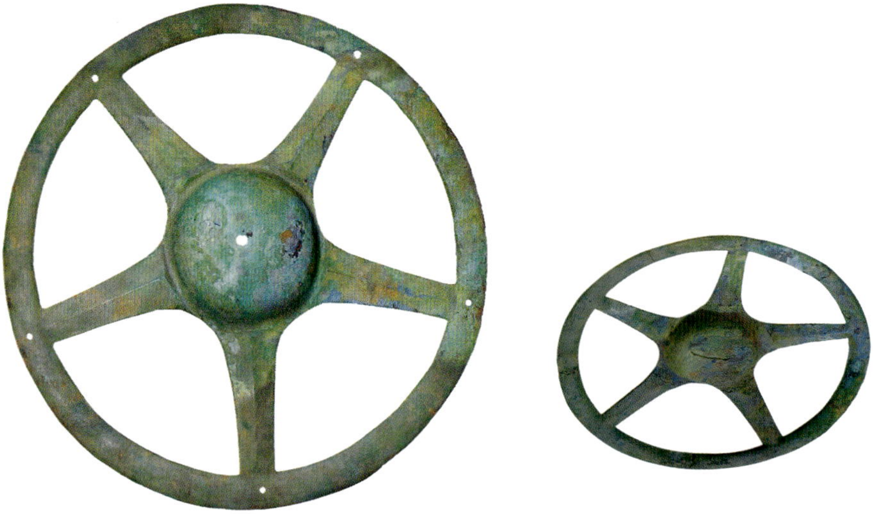

（22）太阳轮形器

（22） 太阳轮形器，直径85厘米，此类器物在三星堆出土了六件。器物由外部晕圈、芒和中心凸起组成，象征太阳及其光芒，各部分先单独铸造，再用嵌铸法将太阳嵌铸在芒条上，然后在与晕圈衔接处两面钻孔，最后用铆铸法在孔中灌注铜液将芒条铆接牢固。器物表面仍留有小孔，推测它最初应是被固定在某处的装饰物。

问题：

你还知道古今中外哪些与太阳崇拜有关的神话故事和人物呢？它们有什么共同之处吗？

人类社会初期，先民的生活与自然世界非常密切，大自然中许多物像都会成为他们崇拜和喜爱的对象，“树崇拜”就是普遍存在于世界各地的一种崇拜类型。树木高大繁茂，根系发达，常被看做是生命、家族的象征；同时它高耸入云，太阳从树梢升起，鸟儿在树上歇息，所以也被人们视为通天的神梯。

《山海经》中记载了我国上古时期的几种大木：扶桑，由两棵相互扶持的大桑树组成，上面有三足乌，位于太阳升起之处；建木，位于天地正中，日中无影之所；若木，在建木的西方，是太阳落下的地方。传说这三种神树都高大无比，每天由金乌鸟驮着太阳从它们枝头经过，如此每日循环往复，也就形成了太阳东升西落的过程。

三星堆祭祀坑出土了共计8株青铜树，上面有象征太阳的鸟、火纹饰等，或许与上述神木有某种关联。

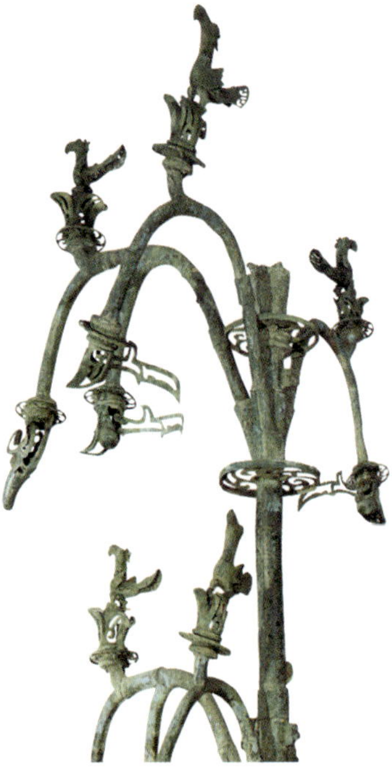

青铜树局部：树枝、立鸟

青铜树局部：龙

（23） 这株青铜树虽然顶端已经残缺，但高度还是达到了3.96米，是目前中国最高大的青铜器。因外形像一棵大树，所以被命名为“青铜树”。铜树由底座、树干和盘龙三部分组成，共九个枝杈，每枝向上的花朵站立一只小鸟，向下的枝叶留有系孔，原本可能挂有铃铛等物。铜树采用分段法铸造，使用了套铸、铆铸、嵌铸等工艺将各部分连接在一起。复杂的工艺、硕大的体量、诡秘的气质、昂扬的精神，都显示出三星堆古城雄厚的实力和昂扬的气质。

（23） 青铜树

（24）青铜树残件

（24）青铜树残件，高约15厘米。这是小型青铜树的顶端残件，一只人首鸟身的神像站立在树干顶端的花朵之上，树干被铸造成扭曲的辫绳状，花朵上装饰有凸起的连珠纹。

（25）青铜人首鸟身像

（25）青铜人首鸟身像，高12厘米。最初是小型铜树的顶饰。人像平顶戴頍（kuǐ，一种商代流行的冠饰），五官夸张，背后有羽翅（左边残缺），羽翅下部有两个小孔，原本应挂有其他装饰。腿部以下呈鸟爪形，立于饰有连珠纹的花朵之上。另外值得一提的是，粗壮弯曲的腿部也是三星堆铜鸟的一个显著特征。

（26）青铜树底座，高142厘米，底径54.8厘米。全器被砸毁，一面残缺，跪坐人像手臂均残断。器物分为树座和树干两个部分，树座由三等份拼合而成，先用铆钉固定，再用铜液铆焊在圈座之上；树干和树座由铜液铆焊结合，铆焊处留有断茬，可能原来还安装有其他附件。

（26）青铜树底座

（27）青铜鸟，高7.8厘米，宽4.3厘米。大眼钩喙，立于青铜树枝的花朵之上，它的冠羽和尾羽的末端皆呈桃心形，尾部上下伸展，下支尾羽挂有铜丝。体型非常小巧，虽然只有几厘米高，但仍然镂空铸造。

（27）青铜鸟

问题：

《山海经》是我国先秦时期的一本奇书，里面记载了许多富有神话色彩的传奇故事和历史地理知识，曾经让鲁迅先生深深痴迷，还写下了《阿长与山海经》一文。那么，你知道《山海经》里面有哪些广为流传的经典故事吗？

4.非常的面庞

三星堆文化因两个祭祀坑而震惊世人，而祭祀坑中最令人瞩目的就是各种人形和动物造形的青铜器。用青铜铸造人像在中国古代非常罕见，如此古老且大规模的青铜人像群更是世间罕有。三星堆祭祀坑出土了众多的人头像、人面具和全身像，其夸张的五官无法被认为是人类的正常样貌，可能是古蜀所崇奉的某位神人形象。这些铜像身着各式衣裳，头顶不同发饰，“长着”模式化的神秘容颜，令人产生难以言喻的迷惘与震撼。

（28）青铜人面具

（28） 青铜人面具，高24厘米，宽40.8厘米。脸型方正，五官夸张，长刀眉、大三角眼、蒜头鼻、招风耳、长阔口，嘴角下勾，这就是典型的“三星堆式”面庞。器物的眉毛和眼眶还残留些许黑彩，原本应该涂有颜料。额头中央有一个略呈方形的穿孔，两耳各有一只耳洞，皆为铸造成型之后凿上去的。

（29）青铜人面具

（29） 青铜人面具，高40.3厘米，宽60.5厘米。这只面具器形规整，脸型方正，鼻梁挺直，粗眉横平，长耳阔口，口缝中残留些许朱砂痕迹，表明面具口部最初是被涂成红色。

（30）青铜人面具

（30） 青铜人面具，高15.6厘米，宽15.8厘米。脸型比较瘦长，但仍比较方，五官亦是“三星堆式”。眉毛、眼睛部分明显可以看到涂黑彩的痕迹。除了耳洞，比较特别的是正面下沿还有两个穿孔，应该仍是作为固定之用，只是不像绝大多数面具一样将穿孔位置放在侧面。

（31）青铜戴笄人头像

（31）青铜戴笄（jī）人头像，高51.6厘米，宽23.8厘米。不同于人面具，只有一面，人头像是中部空心的圆雕像。人头像根据头型主要分为圆头顶和平头顶两类，个别戴有发饰或者面罩，但面部特征都大同小异。这一件为圆顶，眉眼处涂有黑彩，口槽内涂有红彩，头发束于脑后，并插笄固定。

（32）青铜戴帽箍人头像

（32） 青铜戴帽箍人头像，高13.6厘米，宽10.8厘米。这是三星堆人头像中比较小的一件，面部轮廓稍显柔和，五官相对紧凑。圆顶短发，头上戴一个麻花状头箍，左右耳朵各有三个耳洞。

（33）青铜平顶人头像

（33）青铜平顶人头像，高40厘米，宽20厘米。平头顶，一根辫发垂于脑后，眉毛及眼睛残存明显的黑彩。

（34）青铜戴双角饰人头像

（34） 青铜戴双角饰人头像，高45.6厘米，宽22厘米。圆头顶，似戴有一种两角形的头盔，头发束于脑后，束发的笄遗失不见。与其他人头像比起来，这一件面部整体显得比较平，立体感较弱。

（35）青铜人头像

（35） 青铜人头像，高29厘米，宽20.6厘米。面部线条柔和，是三星堆所有人头像中五官最接近真实人脸的一件，但依然具有"三星堆式"五官的基本特征。束发戴冠，冠饰残缺，只剩下头顶子母口。颈部下端被烧残。

（36）青铜人头像

（36）青铜人头像，高25厘米，宽20.4厘米。倒梯形脸，长耳阔口，耳垂穿孔，嘴角下勾。束发戴冠，头顶子母口上有4个小圆孔，原来安装其上的冠饰遗失不见。

（37）青铜跪坐人像

（37） 青铜跪坐人像，高14.8厘米，宽8.2厘米。它的头发先从前往后梳，再向上卷到前面挽成高髻。怒目圆睁，牙关紧咬，双手抚膝，呈跪坐状，好像正在做什么紧急、重要的事情。有学者认为这可能是“祝”（古代专门从事祭祀活动的人）的形象。

（38）青铜跪坐人像

（38） 青铜跪坐人像，高12.4厘米，宽5.8厘米。半圆雕，背面为空。人像头戴冠饰，穿对襟长袖上衣，下身穿短裙，双手放于大腿位置，正面跪坐。左右脚上各有一个小圆孔，说明这个人像最初应该是被固定在其他物品之上的。

（39）青铜侧跪坐人像

（39） 青铜侧跪坐人像，高13.3厘米，宽5.5厘米。与上一个人像的发饰、服饰相同，只是姿势有所差异。表现的可能是相同身份的人在某种活动中的不同动作。人像的眉毛、眼眶、眼珠都涂有黑彩。

（40） 青铜大立人像，通高260.8厘米，人高172厘米。立人像采用分段浇铸法嵌铸而成，身体中空，分为人像与底座两部分。人像浓眉大眼，高鼻阔嘴，头戴花状高冠，身着三层衣饰：内层服装底部分叉呈燕尾状，中层是V形领中袖，外层为袒左肩长衫。

人像双臂抱于胸前，双手呈环握姿势，有一定弧度，或猜测手中原本握着一根象牙，但无确切证据。双脚戴镯，赤足站立于方座之上，底座中部做成四个大象头部和鼻子的形状。大立人高大伟岸，装饰华丽无比，有可能是通神的祭司或者蜀王。

（40）青铜大立人像

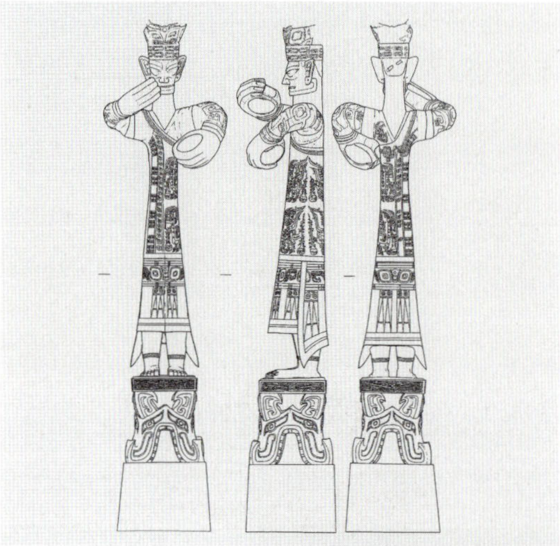

青铜大立人纹饰线图

青铜大立人出土场景

（41）青铜顶尊人像

（41）青铜顶尊人像，高15.6厘米。底座为喇叭形，周围花纹镂空。座顶上有一个头顶尊的跪坐人像。人像上身裸露，下身着裙，腰间系带。尊是我国古代祭祀时使用的一种装酒器皿，盛行于商周时期，是高级身份的象征之一，所以这件文物表现的可能是一种礼仪活动的场景。

问题：

三星堆青铜人像的面部非常独特，目前在世界上可以说独一无二。那么，你觉得三星堆青铜人像最大的特点是什么，可能代表了什么呢？

金玉、权威和礼仪

1.黄金装饰的威严

以目前的发现来看，人类使用黄金的历史大概始于距今6000年前，与青铜的使用相似，也是从美索不达米亚平原和尼罗河流域的居民开始的，之后在古希腊、罗马和广阔的亚欧草原上都形成了独具特色的黄金文化。中国目前最早的黄金制品发现于内蒙古、辽宁一带的夏家店文化和甘肃的四坝文化，时间在距今3500年左右，三星堆器物坑的埋葬年代距今约3100年，数量大，器物精，是中国早期黄金文化的一个代表。

其实相较于青铜、玉器和唐宋以后的瓷器，金质器物在中国古代似乎一直都不曾占据过主流。但就是在金器数量更加稀少的商周时期，三星堆两个器物坑却出土了金器65件（不含残片、残屑），总重约850克。它们大多是金银合金的薄片，金的含量一般在80%左右，其余的约为15%的银、钡及一些微量元素。根据特征元素钡，研究人员推断出三星堆金料很可能是长江上游理塘江与雅砻江交汇处产的沙金。

三星堆金器的铸造过程为：采用原始方法淘洗沙金，再使用熔融法冶炼成合金，经过成千上万次的人工锤打和碾压而成金带、金皮、金箔等，再运用模压、雕刻、镂空等技术做出花纹，最后用生漆调和黏土将金箔粘贴在需要装饰的器物表面。

（1）金料块

（1） 金料块，长11.9厘米，宽4.4厘米，厚0.2厘米~0.5厘米，重170.44克。为冶炼后尚未加工的原料，略呈长方形，上端留有浇口帽，周身多处有气孔。

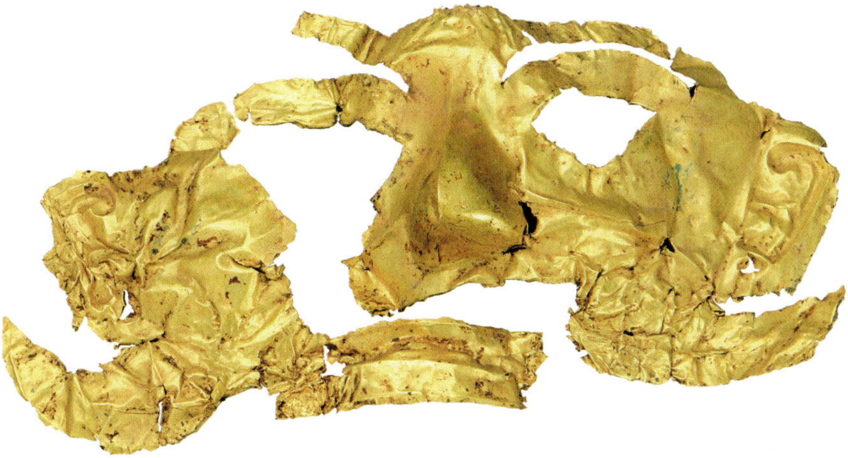

（2）黄金面罩

（2） 黄金面罩，高11.3厘米，宽21.5厘米，重10.62克。造型、大小都与一号祭祀坑中的青铜人头像相当，应该是从某一件上面脱落下来的。金面罩是利用金子的延展性将金块捶拓成金皮，然后依照人头像造型，从额头包到下巴，再用生漆调和石灰作为黏和剂，贴在铜头像之上，此种方法称为“贴金”，它有个缺点，就是金皮容易脱落。在我国古代还有另一种工艺，称作“鎏金”，是将金在水银中融化成泥，涂抹在器物表面，然后加热使水银蒸发，金就附着在器物表面不会脱落。不过鎏金工艺出现的时间较晚，目前最早可追溯到春秋战国时期。

金箔与金皮都是薄片状的金器，它们之间没有明确的界限，一般认为厚度小于0.5毫米的都可以归入金箔的范畴。三星堆出土金箔的厚度多在0.1毫米~0.3毫米之间，不仅捶打工艺高超，独特的纹饰制作和粘贴方法更是在上古时期独树一帜。虽然目前尚无法确定此种成就到底是在中原技艺上发展的结果，还是受到外来文化影响所致，但三星堆金器的发现无疑对理解我国早期黄金制品有重大的意义。

（3）青铜戴金面罩平顶人头像

（3） 青铜戴金面罩平顶人头像，高42.5厘米，宽19.6厘米。戴金面罩青铜人头像分平顶和圆顶两型，造型与未贴金面罩的青铜人头像大体相同。金面罩是用金块捶拓成金皮，依照人头像造型，上齐额，下包颐，左右两侧罩耳，耳垂穿孔，眼眉镂空，再用生漆调和石灰作为黏和剂，贴于铜头像之上。整件人头像金光熠熠，耀人眼目，尊严高贵，气度非凡。

（4）青铜戴金面罩圆顶人头像

（4）青铜戴金面罩圆顶人头像，高48.1厘米，宽22厘米。与平顶人头像五官相同，只头型和发饰有所不同。

戴金面罩的人头像是三星堆最引人注目的文物之一。57件青铜人头像只有4件戴了金面罩，学者认为它们具有非常的意义。在世界考古史上，古埃及、古希腊都曾出土有金面罩，我国北方游牧民族墓葬中也有用金面具附着死者脸部的做法，而这些使用金面罩的人皆处于当时社会的金字塔顶端，这或许可以为我们理解三星堆金器和文化提供一点启示。

（5） 金杖，长142厘米，直径2.3厘米，重约500克。金皮原本包卷在木头之上，出土时金皮内还可见碳化的木渣。在金杖的一端有一段长46厘米的图案，下方为两个头戴五齿高冠、耳戴三角形耳坠的人头像，笑容可掬，另外两组是鸟、鱼、箭的图案组合。有学者推测，图案可能是崇拜鸟和崇拜鱼的两个部族结盟建立三星堆古国的纪念物。也有学者认为那不是箭，而是“穗形物”，并估计当时的三星堆已经种植了水稻。至于金杖的性质，学者们一般认为，金杖集神权、王权于一体，是政教合一体制下的“王者之器”。

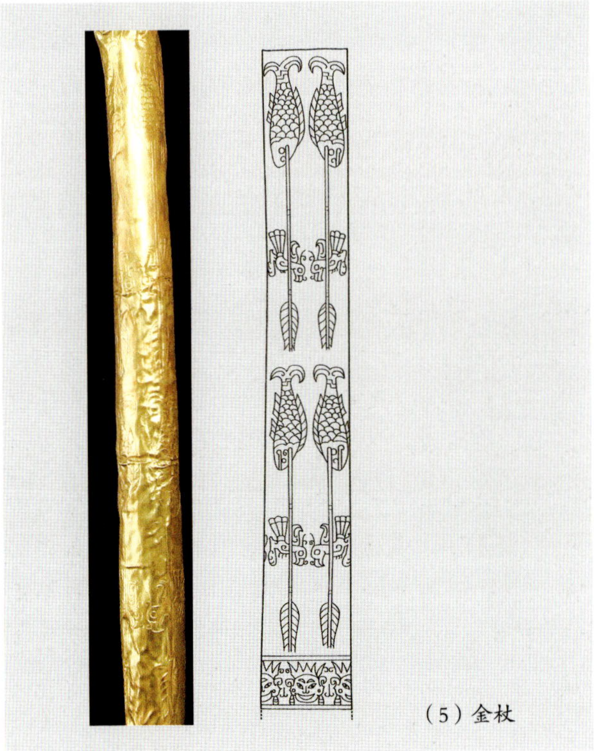

（5）金杖

（6）金虎

（6） 金虎，长11.6厘米，高6.7厘米，重7.27克。用金箔拓捶而成，遍体压印“目”字形的虎斑纹。虎头昂起，口部大张呈咆哮状，眼部镂空，四肢收缩，尾巴上卷，仿佛遇到什么威胁，正在喝退敌人。

虎是巴蜀文化中最常见的元素之一，是古代巴人和一部分蜀人的族群图腾，被广泛铸造于青铜容器与兵器之上。据范晔《后汉书·南蛮西南夷列传》记载：“禀君死，魂魄世为白虎。巴氏以虎饮人血，遂以人祠焉。”禀君是古代巴人的首领，巴人认为死去的首领与白虎合二为一，于是“虎”这个形象就具有了人格化和神格化的象征意义，成为了巴人的图腾。而巴蜀同处四川盆地之中，自古就有密切、深厚的文化渊源，蜀人中存在崇虎现象也就十分自然了。

（7）圆形金箔

（7）圆形金箔，直径2.1厘米。二号器物坑中出土了圆形金箔6件，大小相同，应该为一组，共重4.37克。

（8）璋形金箔饰，长11厘米，宽2.2厘米，重1.74克。

器物呈平行四边形，为边璋的形状，素面没有纹饰，具体用途尚不知。

（8）璋形金箔饰

(9)牙璋形金箔

（9） 牙璋形金箔，长9.8厘米，宽2.1厘米。器物顶端开叉，做成类似牙璋的形状，底端有一个穿孔，应为悬挂之用。

（10）鱼形金箔

（10） 鱼形金箔，长22.8厘米，宽1.8厘米，重8.26克。用金皮捶拓成金箔后再剪切成形。器物轮廓呈柳叶状，头端有一个圆形穿孔，使得整体更像一条细长的小鱼，器身还刻有精细的叶脉纹和刺点纹。

小知识

金箔 金箔是指用黄金锤拓成的薄片。黄金是一种稀有的贵金属，质地柔软、延展性强，可以被捶打成厚度非常小的薄片，即金箔。后世的金箔薄如蝉翼，永不变色，被广泛用于佛像、器皿贴金，建筑、饰品贴金等，不仅能增强物品的装饰性，还能减少黄金的使用量，《天工开物》就记载："凡色至于金，为人间华美贵重，故人工成箔而后施之。凡金箔每金七厘，造方寸金一千片，粘铺物面，可盖纵横三尺。"金箔在我国商代就已经出现，河北藁城台西村、郑州商城、安阳殷墟等遗址都出土了圆形、菱形等各种形状的金箔。

2.石之美者的敬畏

玉，作成礼器可用来祭祀天地祖先，作为饰品又可用来彰显身份品位，从古至今都被当做是有独特意义的瑞宝，是中华文明区别于其他古文明的鲜明特色之一。如许多中外学者所认为的那样，在中国古代，似乎只有玉器和青铜器才具有真正的“纪念碑性”，是能反映古人生活、思想的珍贵遗物。

所谓“石之美者为玉”，古人眼里的玉在质料上似乎并没有绝对的标准，不仅包括现代矿物学意义上的玉（角闪石），还包括蛇纹石、绿松石、孔雀石、玛瑙、水晶、琥珀、红绿宝石及其他美石，尤其是石器时代的先民制作玉器都是就地取材，玉材的种类非常庞杂。许慎《说文解字》有言“石之美有五德，润泽以温，仁之方也；理自外，可以知中，义之方也；其声舒畅，等以远闻，智之方也；不挠而折，勇之方也；锐廉而不使，繁之方也”，以拟人的方式道出了玉石的一些物理和结构特性，比如色泽温润、质地坚韧、声音清脆等，但更多是在宣扬仁、义、勇、智的君子品格。因此我们在审视古玉的时候，不能囿于现代矿物学的定义，应该具有一种更加宽泛和历史的眼光。

国人好玉的传统由来已久，新石器时代的红山文化、凌家滩文化、良渚文化中都出土了大量令人叹为观止的精美玉器，到了商代则以殷墟妇好墓出土的玉石器最为著名。1986年三星堆祭祀坑发现了三百余件玉器，以璋、戈、璧等礼器领衔，兼有管珠串饰、斧凿斤等工具，器形巨大，切割精准，打磨精细，工艺之高令人过目不忘。这些器物至少表明了三星堆权贵集团对于典礼和仪仗的重视，也反映出了古蜀先民拳拳的敬畏之心。

（11）玉石原料

（11）玉石原料。石料中间凹槽部分为古人切割玉器留下的痕迹，上古先民没有用来开玉的金属工具，一般采用麻绳或石片在玉料上来回摩擦的方法切割玉器，同时需要不断添加解玉砂和水。用线开玉的被称为线切割，用石片开玉的就被称为片切割。

三星堆一、二号坑玉石器的原料成分庞杂，仅在显微镜下就鉴定出了热变质岩、熔结凝灰岩、含长细砂岩、水云母黏土岩、角闪斜长斑岩等，此外还鉴定出软玉、汉白玉和岫玉、透辉石玉等。个别玉石器中还可见上古生代生物化石的存在，可以设想的原料产地应该是地质活动频发的龙门山脉南段，即今四川的茂县—汶川—灌县一带。

（12）玉籽料

（12） 玉籽料，长11.7厘米，宽3.7厘米，厚1.1厘米。斑染色碧玉，白色，局部有铁锈色斑染。籽料是指经河流长期搬运而形成的卵状玉料，籽料体型小，但是玉质细腻光滑，是上好的制玉原料。

（13） 玉籽料，长14厘米，宽8.6厘米，厚0.95厘米。浅灰色云母石英片岩，器体偏宽，两面微凸，周边较薄。

（13）玉籽料

（14）玉璋

（14）玉璋，长32.6厘米，宽7.4厘米。大理岩，雾状黑色，局部呈黄色。偶尔古人会因各种原因在玉器表面留下尚未打磨完全的切割线，这就成为我们研究和理解古代制玉工艺的珍贵材料。这种长条状直线性的切割痕迹应该是片切割所致，而器身上的穿孔，一般用竹管、骨管或木棍带动解玉砂往复旋钻而来。

竹管钻孔示意

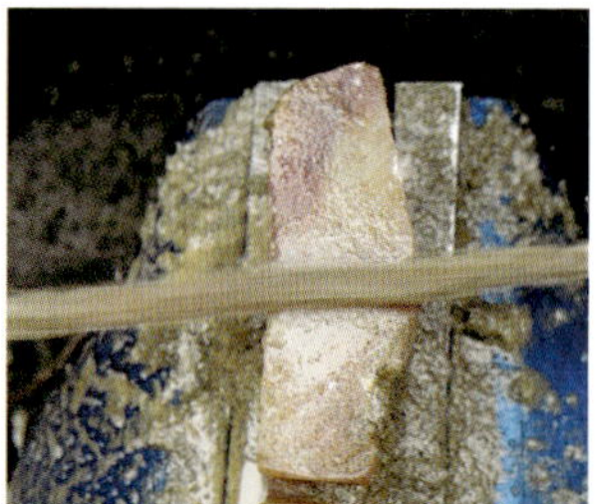

线切割示意

（15）玉戈

（15） 玉戈，长21.1厘米，宽6.1厘米。前段残断，经火烧过之后呈现蓝绿色，局部有同心圆斑块。戈是一种装有长柄的兵器，由于上古金属和美玉资源稀缺，许多器物都采用与木、竹、绳等材料结合的生产方式，但后者极易腐朽，所以千百年之后出土的就只剩下玉石和金属等坚硬部分。

玉戈为早期玉石匕首的延伸形态，“戈”的定名来源于青铜器中相同形制的兵器。与金属戈不同，玉戈并不具备杀伐功能，应是作为军事权威的礼仪用器。三星堆玉石礼器当中以戈和璋的数量最多。

（16）玉戈

（16） 玉戈，长40厘米，宽10.1厘米。为大理岩制成，大部分呈黄褐色，后端偏黑。器身阴刻线是由锐利石片等工具往复推磨、刮蹭形成，线条干净，排列有序；玉料表面纹理自然流畅，纹饰规整精致，不失为古代玉器中的精品之作。

（17）玉戈

（17） 玉戈，长55.5厘米，宽6厘米。这是三星堆玉戈的另一种形制，突出特点是比较细长。这只玉戈本应通体褐色，因火烧前端呈鸡骨白。器身有两个穿孔，为捆绑木柄之用。

小知识

古玉的沁色 沁色是指古代玉器在土中遭受渗入、浸润产生的颜色。因为古玉长期埋在土中，本身微量元素与土中物质相互作用会形成变化多端的颜色。我国传统古董学者根据玉沁不同的质感和颜色，结合日常生活中的经验，赋予了它们多种极为生动的名称。如“鸡骨白”是指不透明的白色沁，“孩儿面”是指粉红的碧桃花色沁，“鹦哥绿”是指孔雀石一般的绿色沁，“鸭屎青”是指浑浊有杂色的青绿色沁，“枣皮红”是指血红色的沁，“老甘黄”是指如蒸栗的黄色沁。当然有些说法缺乏科学依据，但却自成体系，影响深远，在对古玉的描述中常常起着不可替代的作用。

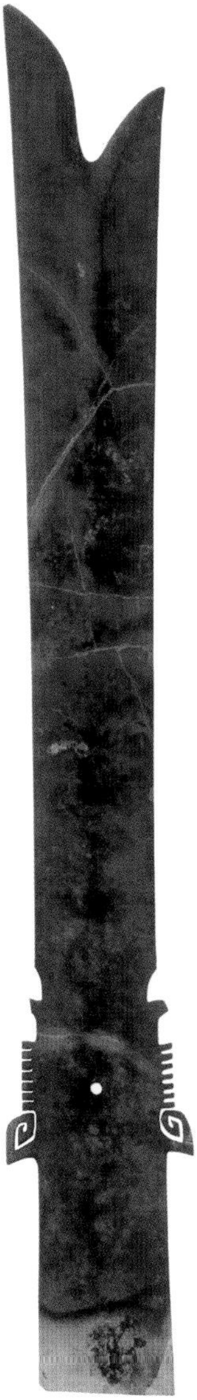

（18）玉牙璋

（18） 玉牙璋，长67.8厘米，宽7.8厘米，厚0.6厘米。选料考究，通体乌黑发亮，底部被火烧呈浅青黄色。刃口部分虽薄却犀利如新，柄部两侧有加工精细的七齿及镂空花纹，工艺高超令人过目不忘。

璋，上古礼器之一，用来祭祀南方、天子巡守等，在山东龙山文化遗址、二里头遗址等均有出土，但从数量和质量上都无法与三星堆遗址的玉璋相比。璋是三星堆最有特色、数量最多的玉石器之一，三星堆的玉璋分为边璋和牙璋，侧边有齿牙的为牙璋，斜边平口的为边璋。

（19） 玉边璋，长54.2厘米，宽8.8厘米。黑色不透明，局部被火烧成鸡骨白。器物两面刻画相同纹饰，由锐利石片重复刮蹭而来。每一面纹饰分为上下两组，每组纹饰由小山、牙璋、云雷纹和两排双手环握的小人组成。其中下层小人戴山形冠饰，双膝跪地，上层小人戴平顶冠，直立站姿，小人的五官及姿势与青铜人雕像的一致。整个纹饰可能表现的是某种礼仪活动的场景。

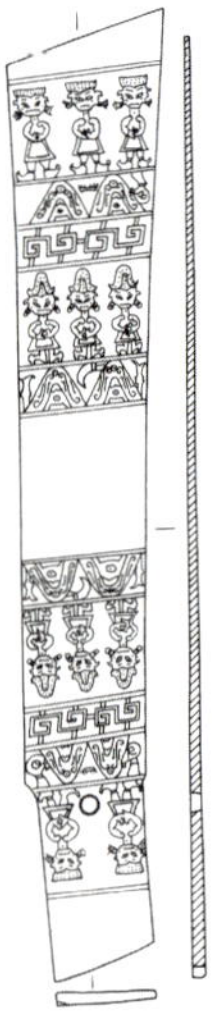

（19）玉边璋

（20） 玉牙璋，长68.8厘米，宽7.5厘米。蚀变白云岩，黑色，因火烧局部泛白。出土时残断，后经拼接复原。器型窄长，顶端开叉，刃口锋利。下端镂刻内卷云雷纹饰，间刻五齿。

（20）玉牙璋

（21） 玉牙璋，长25.2厘米，宽7.2厘米。器物成分为硅质板岩，黄褐色，一侧被火烧成鸡骨白。器物两侧分别镂刻齿饰，中部有一个圆穿。

（21）玉牙璋

（22）青铜持璋人像，高4.7厘米，宽1.8厘米。虽然头部已经残缺，但人像手持牙璋半跪在地，可能向我们展示了“璋”这种物品在当时的一种用法。

（22）青铜持璋人像

（23）有领玉璧，直径17.8厘米。出土于二号祭祀坑中的一只铜尊之内，出土时一侧烧断，上有裂缝，经过拼接复原。器物表面有数组阴刻同心圆，内孔边缘凸起，凸起部分被形象地称之为“领”，所以这种玉璧也可称为“有领玉璧”。

（23）有领玉璧

璧是中国古代数量最多、使用时间最长的一种礼玉。《说文》载：“璧，瑞玉，圜也。”郑玄注《周礼》有：“圜璧象天。”璧这种圜状的玉器，在古人“天圆地方”的观念下被当做礼天的瑞器，在玉礼器的系统中拥有相当显赫的地位。但除了礼天，玉璧在漫长的古代社会中还有装饰、殓尸、显示身份等诸多用途。

（24）有领玉瑗

（24） 有领玉瑗，直径11.6厘米。瑗，上古的一种玉礼器，孔径大于玉璧而小于玉环。这只瑗出土时装在一只青铜尊里。碧玉质，器表光滑，淡绿色中略显微黄，周身自带黑褐色流水纹理，温润雅致，堪称石中美者。

小知识

璧、瑗、环璧是上古主要的玉器种类，为中央有大孔的圆板状，可能由石器时代的环状石斧演化而来。璧最初主要是作为祭天的礼器，后来形式较为多样，亦作装饰身体的配饰。《周礼·考工记·玉人》记载："璧羡度尺，好三寸以为度。""羡"，是直径，"好"是孔径。《尔雅》又道："肉倍好，谓之璧；好倍肉，谓之瑗；肉孔若一，谓之环。"肉是指器物的环状边，这句话是说，边径为孔径两倍的是璧，孔径为边径两倍的就是环，二者相当即为瑗。从实物出土来看，文献中的比例并没有被严格地遵守，学者们普遍认为，所谓环、瑗应当都归为璧一类。

（25）有领玉瑗

（25） 有领玉瑗，直径11.7厘米。保存完好，器物表面有五组同心圆阴刻纹，每组两圈，是玉料固定在转盘上被尖状石核旋刮而成。

（26） 有领玉瑗，直径8.5厘米。碧玉质，约三分之一为黑色，剩余部分淡绿色，保存完好。

（26）有领玉瑗

（27）玉琮

（27） 玉琮，高7.25厘米，宽8.4厘米。琮，一种外方内圆、上下贯通的筒状玉器，从新石器时代晚期到商周末的约3000年间有不同程度的出现，是一种重要的上古玉器。关于其用途解释颇多，目前主要有"祭祀大地"、"殓藏尸体"、"贯通天地"等三种主流说法。琮最初可能只是一种实用物，后来性质转变，张光直先生认为作为礼器的琮应该是沟通天地的一种神器。此物为1929年燕道诚挖水沟时发现，1951年由燕道诚之子捐赠给广汉县人民政府。呈黄绿色半透明状，器身外方内圆，中空呈短筒形，两端凸出的射部较矮，呈环状，外边四方转角圆浑，每方外壁阴刻平行竖线两条，转角处上中下阴刻平行横线三组五条，与四方的竖线相交。

小知识

上古玉礼器 据《周礼·春官上·大宗伯》记载，古人"以玉作六器，以礼天地四方：以苍璧礼天，以黄琮礼地，以青圭礼东方，以赤璋礼南方，以白琥礼西方，以玄璜礼北方"。是说古人用深绿色的璧、黄色的琮、青色的圭、红色的璋、白色的琥、红黑色的璜这六种器物来祭祀天地四方。事实上这是一种绝对理想化的状态，是古人按照五行观念来编排的一个礼仪体系。从出土实物来看，这六种器物不仅几乎从未同时出现过，不同器物与颜色的搭配也往往有悖于《周礼》的记载，其作用也不仅仅局限于礼天地四方，殓尸随葬的情况亦不少。如浙江良渚文化的贵族墓葬中，墓主身体及四周铺满大量玉琮、玉璧、三叉形器、冠形器等。

（28）玉斤

（28） 玉斤，宽5.7厘米，高33厘米。碧玉质，黑色。斤是一种砍伐树木的工具，与斧相似而略小，单面刃，安装手柄时刃口呈水平方向。

（29）玉刀

（29） 玉刀，长27厘米，宽3厘米。碧玉质，原本为黑色，经火烧过，柄部颜色变淡。器物造型规整，线条流畅，刃口锋利，是一件不可多得的玉器精品。

（30） 玉凿，宽2.9厘米，厚1.5厘米，高19.5厘米。器形细长，中部略大，上端穿孔，打磨精细，形状规整。凿本来是一种劳动工具，在新石器时代属于砍砸器，后期逐渐消失。三星堆玉凿应该不具有实用性，或为礼仪、丧葬用具。

（30）玉凿

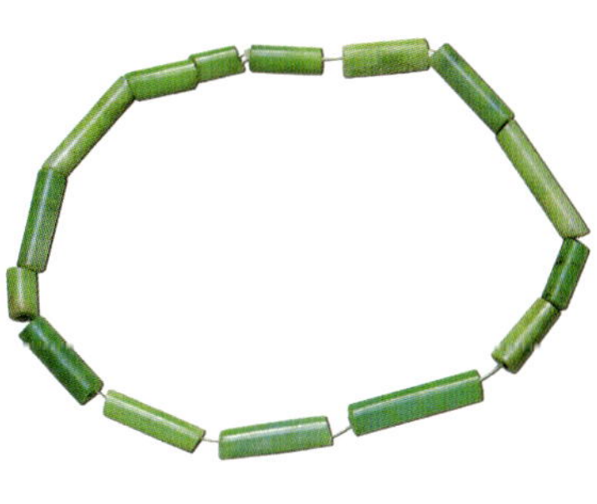

（31）玉管串

（31） 玉管串，出自二号祭祀坑88号铜罍，15颗，分别长1.55厘米~4.95厘米，直径0.9厘米~1.1厘米。碧玉质，有绿、浅绿、黄绿三种颜色。多数玉管的两端为斜平，并不是完全的圆柱状。每段都采用桯（tīng）钻法打孔，即一种使用实心杆类钻孔的方法，不同于管钻。

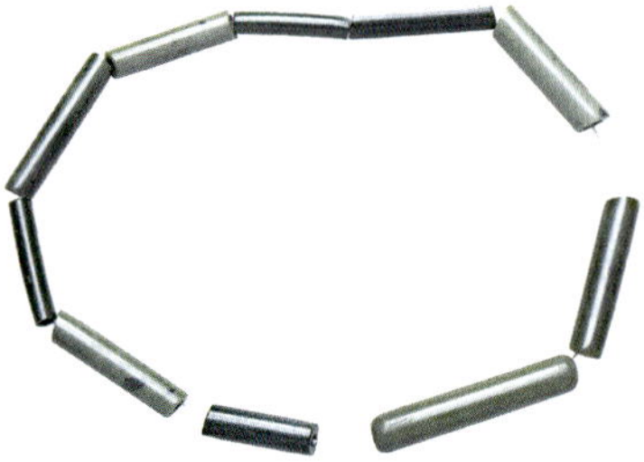

（32）玉管串

二号祭祀坑 88 号铜罍

（32） 玉管串，出自二号祭祀坑88号铜罍，10颗，分别长2.75厘米~6.6厘米，直径0.8厘米~1厘米。玉管约呈直筒形，多数两端斜平，个别两端磨圆。玉管制作水平精湛，采用桯钻法打孔，内孔壁平直，外部打磨光滑，墨绿色泽，光亮可鉴。

（33）玉珠串

（33） 玉珠串，出自二号祭祀坑88号铜罍，41颗，分别长1厘米~1.8厘米，直径0.8厘米~1.1厘米。碧玉质，大小不等，颜色有灰、灰黑、灰白、绿四种，多数为鼓形，少数呈算珠状。

（34） 琥珀坠饰，高5.1厘米，残宽3.8厘米，厚1.2厘米。器物一端残缺，略呈心形，两面阴刻纹饰，一面为蝉背纹，一面为蝉腹纹。上端有一凹槽，凹槽中有一圆穿上下贯通全器，用于悬挂。琥珀是数千万年前的树脂被埋藏于地下，历经地球岩层的高压、高热挤压作用之后，产生质变的化石。因为具有宝石般的光泽与晶莹度，所以可能被古蜀人当做“美石”而加工成饰品。

（34）琥珀坠饰

一座城的命运

1.文明的轮廓

我们知道，人类自诞生起已经有几百万年的时间，但进入文明社会却不过是最近几千年的事情。或许是因为有利的地理位置和频繁的相互往来，古代埃及和美索不达米亚平原的居民最早创造出文明，他们修建了世界上最早的城市，发明了最早的文字和金属冶炼技术，开启了整个人类的文明进程。“civilization（文明）”一词来源于拉丁文Civis，意为“城市居民”，而城市也确实是人类社会发展到一定阶段后才产生的区别于乡村的高级聚落形式。在中国古代，城市的初现是与政治权力密切相关的，一座古城通常由夯土城墙、壕沟、宗庙、宫殿、陵寝、青铜礼器、祭祀遗迹等充满了等级和权力色彩的因素构成，因此早期城市也被认为是统治阶级用来获得和维护政治权力的工具。

虽然三星堆至今没有发现文字，青铜器也可能是外地工匠制作的，但三星堆人自己修筑了规模宏大的古城，城内出土了象征王权的黄金手杖，众多的制陶、制玉的作坊，晚期还发现了祭祀活动的遗迹，以及疑似宗庙或者宫殿的大型建筑基址。这些都说明三星堆古城内的社会生活在晚期已经复杂化、政治化，达到了

西城墙及壕沟

文明的高度。同时，在三星堆遗址周围的广汉、什邡、新都、彭县、成都等地还分布着数十座同时期的中小遗址，文化因素与三星堆文化相同，从而共同组成了一个分布广泛、相对独立的文化区域。从考古学上看，这个文化区域实际上代表着一个由中心城邑、一般城市和小型村落组成的古代方国，而处在中心位置的规模最大、规格最高的三星堆古城，应当就是这个方国的都城。

青关山一号大房子建筑基址

月亮湾城墙及壕沟
（突起的土埂为城墙，平坦处为壕沟）

月亮湾城墙剖面

三星堆遗址平面图

三星堆古城是一座规模巨大的夏商时期的古城，可能由一道外郭城（大城）和若干个内郭城（小城）所组成。外郭城面积约370公顷，大于商王朝的都城郑州商城，在中国已发现的同时期古城遗址中，其规模名列前茅。目前三星堆遗址范围内发现多处城墙遗迹，主要包括东、西、南三面较完整的城墙及三星堆城墙和月亮湾城墙，新近几年还发现了北城墙、仓包包城墙和李家院子城墙残段。由于上千年的河流侵蚀和人为取土，这八段城墙现在已经无法连接起来，但从考古探查中我们依然可以依稀辨识出由它们所构筑出的三星堆古城的庞大轮廓。

三星堆的城墙不同于北方版筑，是采用堆筑的方法修筑而成。以月亮湾城墙为例：月亮湾城墙位于三星堆遗址中北部的月亮湾台地东缘，按走向可分南北两段，北段为东北—西南走向，南段略向东折，基本上呈正南北走向，整条城墙与西城墙北段基本平行。地面现存部分总长约650米，顶宽20米左右，高2.4米~5米，根据在北段北部的解剖情况，月亮湾城墙横断面呈梯形，顶部宽20余米，底部宽40米~43米。主城墙高（厚）2.8米左右，墙顶与当时地面相对高差达2.5米~5米。墙体采取了无基槽式平地起夯，由外（东）向内（西）依次分块斜向堆筑的夯筑方法，墙体材料主要为泥土和沙土，局部采用卵石垒筑、支撑。城墙结构清楚，夯层明显。

目前发现的这几段城墙并非同时建造，其年代有三星堆遗址二期偏早、二期偏晚，还有三期、四期建造和修缮，三星堆古城应是在千百年的时间内逐步建成和完善的。值得一提的是，三星堆古城似乎已经出现了“内城”，古城东北角的仓包包城墙、李家院子城墙和东城墙、北城墙之间已经出现了一个封闭的空间，这说明城内的格局或社会组织似乎已经有了复杂化的趋势。也更加说明，不见于正史记载的古蜀先民不仅创造出了自己独特的文明，并且这文明的程度并非我们想象的那样简单和原始。

在城圈内部，考古学家在靠近北城墙的青关山高地发现了两个被称做“大房子”的大型建筑基址。青关山大房子基址地处三星堆遗址的制高点（高出周围地面3米以上），2012—2014年考古人员在此清理出两座大型红烧土建筑基址，面积均为1000平方米左右，由6-8间正室组成，分为两排，沿中间廊道对称分布，正室面阔6米~8米、进深约3米，中间廊道宽5米左右，里面未发现日常生产、生活留下的痕迹。它们的使用年代大约为三星堆遗址三期，废弃年代大致与一、二号祭祀坑同时，是三星堆遗址乃至全中国迄今为止发现的面积最大的商代单体建筑基址之一。不论从地理位置、遗物、工程量和建筑形制来看，这两座大房子的性质都是非同寻常的，无疑是三星堆古城的核心区域之一，甚至不少学者认为这就是当时三星堆古城的宫殿或宗庙所在。

2.三星堆的继承者

三星堆遗址共分为四期，第一期是新石器时代晚期的“宝敦文化”阶段，二、三期为“三星堆文化”鼎盛的阶段，即作为一个中心都邑而存在着的时间。但到了第四期，三星堆古城内虽然还有较为丰富的人类活动遗迹，但作为中心城址象征的大型建筑、城墙等皆显示出了颓废的态势，这意味着三星堆古城的都邑地位可能已经不复存在，只是作为一个一般意义的聚落继续供人们生活。

与此同时，巨大的青铜面具、温润透亮的碧玉、闪耀的黄金手杖及成百上千的海贝和象牙也被故意焚毁和砸碎，倾倒进两个土坑之中。人们不禁想知道，到底是什么令这个曾经辉煌的三星堆古城丧失了它的中心地位？地震、洪水、内部动乱，还是外敌入侵？然而以上所有的都还只是简单的猜测，缺乏明显的证据。

2001年，考古学家在四川省成都市内发现了金沙遗址，它距离三星堆遗址50公里，年代为距今3200至2650年，约等于三星堆遗址第四期，相当于中原的晚商至西周。值得注意的是，金沙遗址鼎盛的时间不仅与三星堆古城都邑功能丧失的时间紧密衔接，且在遗迹特征、器物种类、造型风格、制作工艺上都有

三星堆遗址、金沙遗址在四川省的地理位置图

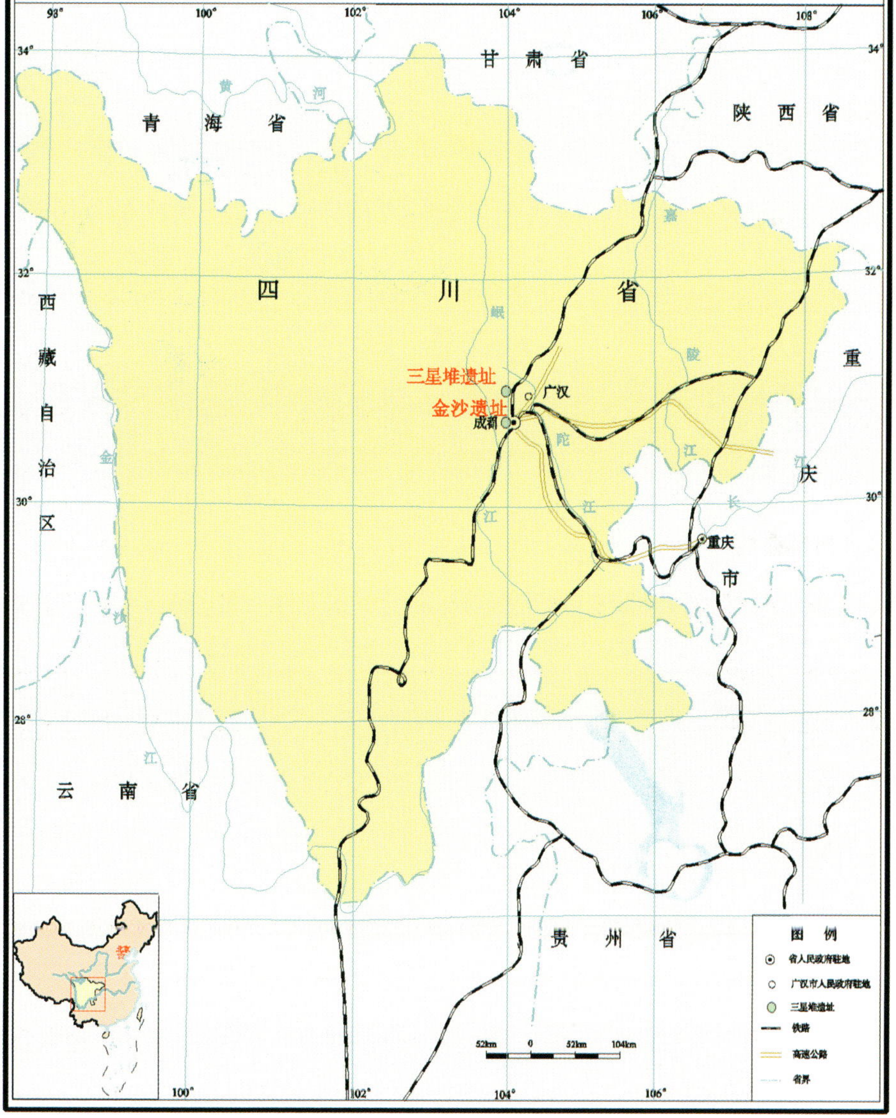

金沙遗址金面罩
（金沙遗址博物馆藏）

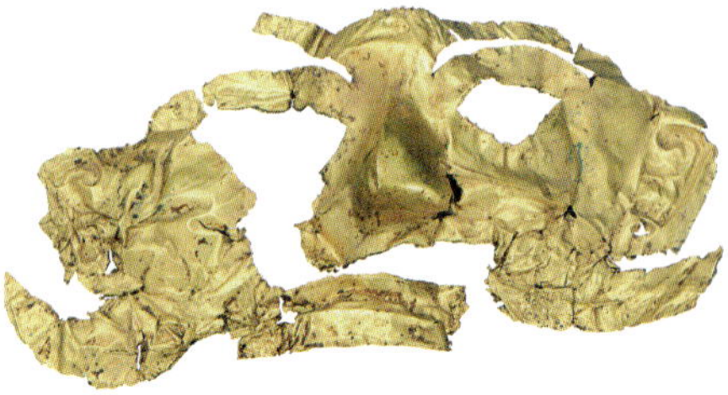

三星堆遗址金面罩

三星堆遗址青铜人像

金沙遗址青铜人像
（金沙遗址博物馆藏）

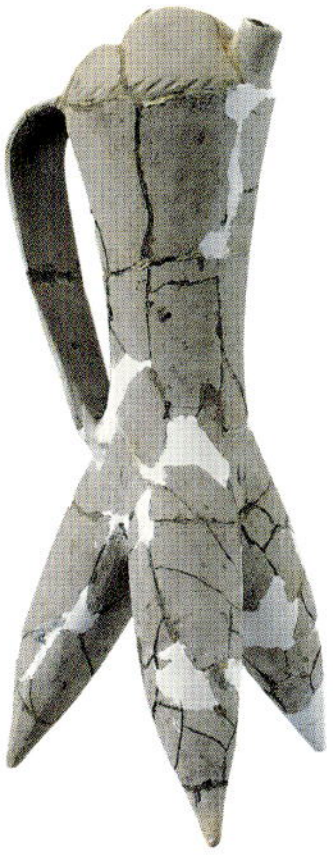

三星堆遗址陶盉

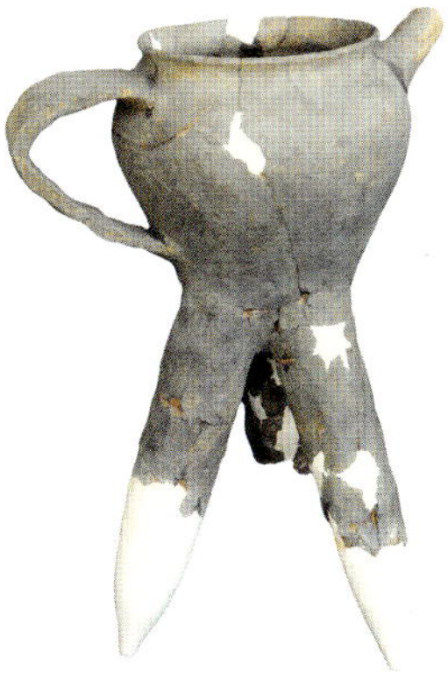

金沙遗址陶盉
（金沙遗址博物馆藏）

三星堆遗址青铜鸟

金沙遗址青铜鸟
（金沙遗址博物馆藏）

三星堆遗址嵌绿松石青铜虎

金沙遗址嵌绿松石（脱落）青铜虎
（金沙遗址博物馆藏）

三星堆遗址发掘之一角

金沙遗址发掘之一角

极大的相似性和延续性，这说明两者之间有着密切的联系。目前的主流观点认为，金沙是继三星堆之后的又一个古蜀国都邑遗存，也就是说古蜀文化的中心从三星堆向南转移到了金沙，在这个地方开启了崭新的“金沙纪年”。

3.古蜀之外

虽然古蜀国一直扎根在大西南表述着自己的文化，但它绝不是“不与秦塞通人烟”的封闭之所，不仅与黄河中游、长江中下游的文化有过相当的交流，甚至可能还与亚洲南部的印度有所往来。

虽然目前还无法确定三星堆与以上地域之间到底是何种关系，但如铜尊、玉琮、海贝、卜骨龟甲这种高等级、非日常物品的出现足以说明，早在三千多年以前，东亚大陆上的人们或许就已经知道了彼此的存在，并已经有了直接或间接的往来。而周围族群与古蜀先民每一次可能的交流与碰撞、争抢与分享，都在不断改变着这座古城的面貌与命运。

（1）与海洋地区

海贝，在商文化中被当做货币和赏赐，大部分背部磨有大孔，可穿系，甲骨文中的“朋”就是贝币穿起来的意思，具有经济和政治的重要性。三星堆两个器物坑共出土海贝4700余枚，分黑、白两色，主要装在尊、罍等青铜容器中。众所周知，成都平原四周高山、高原围绕，距海甚远，而这些海贝必然来自海洋。经鉴定，三星堆出土海贝的产地为印度洋或西太平洋海域，同时这种海贝在先秦时期的云南和四川多有发现，如昆明、大理、凉山、茂县等地，如此看来，这些海贝极有可能来自亚洲南部的印度地区，再经过云贵高原来到古蜀人的手中，元代的旅行家马可·波罗也在自己的《马可·波罗游记》中记载了哈剌章省（今云南省）人使用印度输入的海贝做货币的事情，说明中国西南与南亚国家的交流源远流长。而且《史记·大宛列传》记载了西汉张骞首次出使西域时，在大夏就已经见到了蜀地特产“蜀布、邛竹杖”等工艺品，可见西南地区通向印度、西亚的交流是早于丝绸之路的开通时间的，而香港和越南出土的牙璋（主要流行于夏商时代）又显示出与亚洲大陆南端的交流很可能早在先秦就已经开始了。

除了真实的海贝，三星堆和金沙遗址还出土了一些其他材质仿制的“海贝”，主要为青铜和玉石。这些由贵重材料做成的“海贝”大多有穿孔，有可能是被当做佩饰使用，可见古蜀人对海贝的珍视程度。

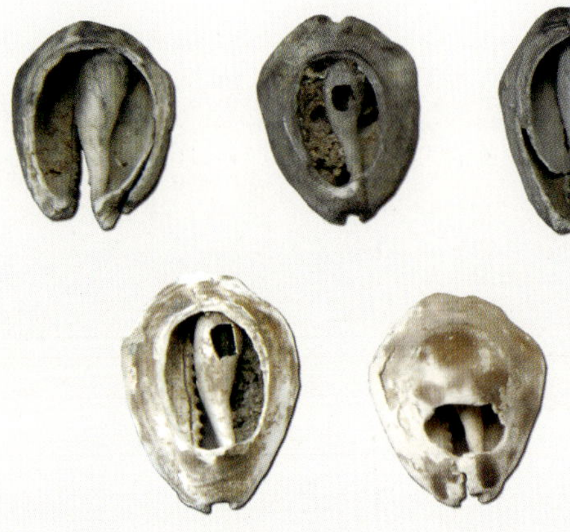

三星堆遗址出土海贝

三星堆遗址出土绿松石贝

金沙遗址出土玉贝
（金沙遗址博物馆藏）

（2）与中原地区

中原是指以河洛地区为中心的黄河中下游地区，范围相当于今河南省及周边地区，包括山西东南部、河北南部、山东西部、安徽西北部等大片区域。这里是夏商周三代王畿所在，是当时乃至后世几千年中国文化的中心，对其他地区的文化影响极为深远。

相传蜀王蚕丛是黄帝的后裔，且与“夏朝”关系密切。根据《华阳国志》、《世本》、《大戴礼记·帝系》和《山海经》等文献记载，黄帝之子昌意娶蜀山氏（居住在岷山的部落）之女而生下了颛顼（zhuān xū，五帝之一），颛顼又封其庶支于蜀，是为蜀王。而另一方面，“夏朝”的开国之君禹便是颛顼之孙，蜀王和“夏王”同为颛顼之后，可见二者关系之密切。从考古上看，三星堆器物坑出土的牙璋与嵌绿松石铜牌也的确可以看做是河南二里头文化（可能属于“夏朝”遗存）的孑遗。

这种略呈长方形的青铜牌饰是流行于“夏朝”前后的一种特殊铜器，有些

三星堆遗址出土
嵌绿松石铜牌

二里头遗址出土
嵌绿松石铜牌

会在表面镶嵌珍贵的绿松石块作为图案装饰，目前在新疆哈密、甘肃天水、河南偃师、四川广汉等地共发现有16件，其中二里头遗址中出土3件，三星堆遗址中发现3件。虽然目前关于此类器物的起源还不能肯定，但如此稀少且富有特色的器物都在二里头和三星堆出现，绝不应是无缘的巧合，且有研究显示二者所用的绿松石其实源自同一产地，这更说明了三星堆与二里头的非常关系。

与铜牌饰相似，牙璋也是一种极有辨识度的特殊器物，目前学术界普遍将这种具有双尖下弧刃和齿状扉棱的玉器认为是牙璋。它最早出现于新石器时代晚期的山东地区，主要流行于夏商时期，在我国的河南、陕西、四川、香港及越南北部皆有不同数量的发现。其中三星堆与二里头的牙璋有着明显的关联，香港南丫岛大湾遗址出土的牙璋更具有山东龙山文化的特征，而越南出土的部分牙璋则被认为是对三星堆的仿制。

到了商代，殷墟甲骨文中偶尔也会提到“蜀”。如表示战争冲突的“王登

三星堆遗址
出土玉牙璋

二里头遗址
出土玉牙璋

人征蜀”、“它蜀”；表示相互往来的“于蜀”、“臣子来蜀”；表示友好关系的“毕以津于蜀乃奠”、“蜀受年”等。可见蜀与商的关系较为复杂，虽然交恶的比例占多，但也还不足10例，远远少于商与土方、羌方等部族的战争次数，这说明蜀和商的关系还比较疏远。从考古出土物上看，三星堆器物坑中出土了十几件青铜容器，其中一部分具有明显的二里冈文化（一种早于殷墟的商文化）或二里冈向殷墟过渡时期的文化特征，又因为造型风格、铸造技法与其他青铜面具、人像等差异巨大，且数量少，很难认为是三星堆本土文化的产物。这一部分青铜容器与商代中期河南、安徽北部等中原地区的同类器物极为相似，但铸造工艺稍逊于前者，应该是受其影响。

另根据青铜器中铅的同位素比值研究，发现三星堆两个器物坑铜器中所含

三星堆遗址出土牛头尊

河南灵宝出土牛头尊

三星堆遗址出土龙虎尊

安徽阜南出土龙虎尊

的铅属为一种十分罕见的高放射成因铅类型，而含有这种特殊铅的青铜器在河南殷墟、湖北盘龙城、江西新干大洋洲等商代遗址中均有出现，由于这种铅的特殊性和稀有性，以及它在同一遗址、同一时代出现的普遍性来看，这些具有类似铅同位素比值的商代青铜器其铅料的来源完全可以肯定来自同一矿山。这更显示了黄河流域青铜文明与长江流域及西南地区青铜文明之间存在着的某种深层次联系。

小知识

二里冈文化 二里冈文化是早于殷墟文化的一支商代文化，最早于1950年在河南郑州二里冈一带发现，绝对年代为距今3600年—3400年。它的分布范围超过了二里头文化及以前任何一种考古学文化，甚至比后来的殷商文化还要大，鼎盛期北达太行山以北，东至山东、黄淮，西至关中东部，南至湖北武汉，影响非常广泛。

成都金沙遗址在其“祭祀区”发现了19片卜甲，其中龟腹甲和龟壳皆有。最大的一件卜甲长46.4厘米，是迄今中国发现的最大的卜甲之一。这些龟甲上布满钻、凿和烧灼的痕迹，大部分为圆形孔，排列很不规则，未刻有任何文字符号。用龟甲占卜在三星堆文化中并未发现，在金沙遗址中却突然出现了这种新现象，一个具有悠久历史和独特文化的族群不会无缘无故改变自己的占卜和祭祀传统，所以卜甲应是外来文化输入的结果。众所周知，黄河流域的殷墟和周原贵族有成熟的占卜传统，而对龟甲进行钻孔和灼烧正是其常用的占卜手段。古蜀国因为没有文字，所以金沙卜甲上未曾像黄河流域那样出现卜辞，但蜀人用龟占卜的习俗及早期卜甲的形制应是受商周文化影响。

另外在青铜器方面，金沙遗址中除了延续三星堆特色的青铜器之外，新出现了几件与殷墟晚期至西周早期中原青铜礼器的合金成分、铅的同位素组成一致的容器，可以肯定是来自中原地区。

在商末周初，据《尚书·牧誓》的记载，古蜀国派人参加了武王伐纣的牧野之战，可知蜀与周的关系应该是友好的。周朝建立以后直至西周后期，蜀人

成都金沙遗址出土卜甲(龟甲)

河南殷墟卜骨（牛、羊肩胛骨）

河南殷墟卜甲

与周人似乎仍保持着这种友好关系，《竹书纪年》中“夷王二年，蜀人、吕人来献琼玉”即是例证。

（3）与长江中游

到了商代中期至殷墟时期，虽然商王朝实力强大，文化繁荣，但它对周边方国的控制力并不稳定，商文化的分布范围较二里冈时期其实是有所减小的。在此期间，长江流域的三星堆文化和吴城文化等发展壮大，尤其是长江中游地区，依靠丰富的铜矿资源和早商已传入的青铜铸造技术，创造出了一批具有南方风格的器物，并对其他地区的青铜文化产生影响。

三星堆殷墟时期的青铜容器主要有尊、罍两种，仔细观察的话，会发现它们与安阳及其周边出土的尊、罍不论是器型还是花纹上都存在巨大的差别，而与长江中游的湖南、江西等地出土的尊、罍有惊人的相似，如颈部只有几道弦纹而不是殷墟流行的蕉叶纹，兽头所处的位置都不在肩部，而是在肩腹交接的位置，肩部有扁装立鸟、器物重心皆偏上等等，显示出了三星堆与长江中游的密切联系。鉴于三星堆此类青铜容器数量少，且与青铜树、青铜面具等本地特色的器物铸造习惯和方法差异很大，较合理的推测是，这些容器是从长江中游地区输入至三星堆的。

三星堆遗址出土羊头罍

三星堆遗址出土羊头罍

湖南岳阳出土羊头罍

江西新干大洋洲出土羊头罍

三星堆遗址出土牛头尊

湖南华容发现的牺首尊

而且在文献中，也有一些记载显示了蜀国与荆楚（长江中游一带，约现在的湖北、江西等地）的关系非同寻常。

汉代扬雄的《蜀王本纪》记载，在望帝杜宇的时代，荆地有一个叫鳖灵的人，沿着长江逆流而上漂到蜀地，望帝让他做了蜀国宰相。相传鳖灵非常有才能，治好了蜀地的水患，而望帝却趁鳖灵治水的时候与他的妻子私通，于是望帝觉得自己的才能和德行都不如鳖灵，觉得很羞愧，就让位于鳖灵，是为开明帝，自己则隐居于西山，死后其魂化作杜鹃鸟，昼夜啼鸣，也就是著名的“望帝春心托杜鹃”的故事。

虽然文献上望帝与开明帝的王位交替是和平的“如尧之禅舜”，但事实可能并非如此，一部分学者认为是荆楚来的开明氏击败了杜宇，将其赶往西部山区，自己做了蜀国的王。但不论开明帝是通过怎样的方式取代了望帝，目前我们可以确定的一点是，从文字和实物看，荆楚和蜀地的关系确乎非同一般，可能比蜀地与殷商的关系要更加紧密。

（4）与长江下游

玉琮，是长江下游太湖流域良渚文化中最具特色的玉器，数量大，种类多，体型巨大，工艺精，且影响范围广大。三星堆和金沙遗址都曾发现过玉琮，尤其是金沙遗址出土的一件“十节玉琮”，从造型、纹饰及琢刻工艺上看，与金沙遗址出土的其他玉器有显著差别，而与良渚文化晚期玉琮的特征完全一致，应是来自良渚无疑。我们知道，金沙遗址繁盛于距今3000年左右的长江上游的成都平原，而良渚文化在距今5000-4000多年时雄踞长江下游的太湖地区，这两个考古学文化不仅在距离上相隔了一千多公里，而且还跨越了一千多年的历史长河。那么，这件良渚文化的玉琮到底是如何、又是为何来到千里之外的蜀地呢？遗憾的是目前的考古研究还解答不了这个问题，仍待进一步探索。

浙江良渚文化玉琮
（良渚博物院藏）

三星堆文化玉琮

浙江良渚文化玉琮
（良渚博物院藏）

成都金沙遗址玉琮
（金沙遗址博物馆藏）

尾　声

周慎靓王五年，即公元前316年，秦惠文王采纳司马错“得蜀则得楚，楚亡则天下并矣”的主张，派兵攻打巴蜀，蜀王亲自率军御敌，然而兵败被杀，雄踞西南千年的古蜀国宣告覆灭。

作为后来人的我们已经知道，公元前221年始皇帝完成了统一大业，蜀地正式成为了中国历史上第一个统一王朝——秦帝国的一个部分，威严华丽的青铜人像也就此绝迹。或许是因为没有文字，古蜀国荡气回肠的历史没有能经受住时间的斗转星移，迅速被人们遗忘，古蜀覆亡两百年后的司马迁没有记载

它，一千年后的李白也发出了“蚕丛及鱼凫，开国何茫然”的感慨，悠远的古蜀文化就这样一步步淡出了人们的记忆，成为了渺茫不可考的上古传说。

不过，雁过留痕，文明一旦存在过，也就永远存在着。古蜀人在四川广汉的印迹并没有被时间冲刷殆尽，甚至奔腾了三千年的鸭子河水也只冲毁了古城的一段城墙而已，绝大部分遗迹和遗物都被尘封在了天府之国厚厚的泥土之中。

蚕丛的后代离开了，新的居民开始毫不知情地在遗址之上重新开垦劳作，一代代的生老病死，一世世的沧海桑田，一切都显得那样安静和平凡，直到1929年的那个春天……

问题：

与地球46亿年的漫长生命比起来，人类不过存在了区区几百万年，但却创造了伟大的文明世界，并在地球表面留下了难以计数、风格各异的文化遗存。现在已经简单介绍完了三星堆文化的基本情况，虽然它一度被“历史”遗忘，但在沉睡千年之后，再一次向世人展现了自己的辉煌。那么，除了三星堆，你还知道世界上哪些“遗失的文明”呢？

参考书目

1. 四川省文物考古研究所编，《三星堆祭祀坑》，北京：文物出版社，1999年。
2. 三星堆研究院编，《三星堆研究》第一辑，成都：四川天地出版社，2006年。
3. 三星堆研究院等编，《三星堆研究》第二辑，北京：文物出版社，2007年。
4. 三星堆研究院等编，《三星堆研究》第三辑，台北：众志美术出版社，2009年。
5. 赵殿增，《三星堆文化与巴蜀文明》，南京：凤凰出版社，2004年。
6. 李学勤，《走出疑古时代》，沈阳：辽宁大学出版社，1994年。
7. 童恩正，《古代的巴蜀》，成都：四川人民出版社，1979年。
8. 马承源主编，《中国青铜器（修订本）》，上海：上海古籍出版社，2011年。
9. 殷志强、多丽梅，《中华玉文化》，北京：中华书局，2012年。
10. 井中伟、王立新编著，《夏商周考古学》，北京：科学出版社，2013年。
11. 中国青铜器全集编辑委员会编，《中国青铜器全集》，北京：文物出版社，2005年。
12. 杨伯达，《中国玉器全集》，石家庄：河北美术出版社，2005年。
13. 扬雄，《蜀王本纪》。
14. 左思，《蜀都赋》。